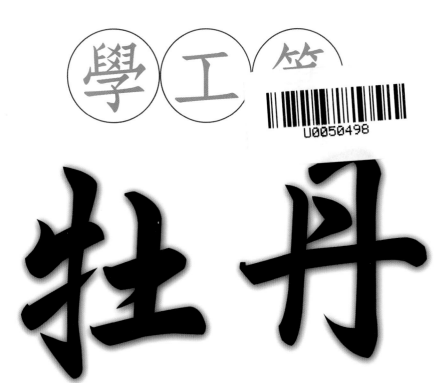

無師自通

學工筆

U0050498

牡丹

梁雪 編著

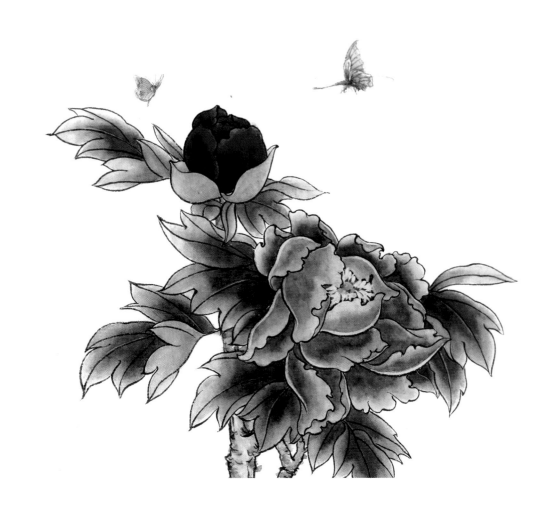

內容提要

　　工筆畫又稱為「細筆畫」，是國畫技法類別之一，是以精湛細膩的技法描繪景物的國畫表現方式。工筆畫從傳統走向當代社會，出現了前所未有的新繁榮，現在越來越受到大家的喜愛。

　　本書是一本關於牡丹工筆畫的技法書，主要針對零基礎的讀者循序漸進地講解：首先詳細介紹了工筆畫的基本工具（筆、紙、墨、顏料）和作畫的基本技法，尤其是線條的運用；其次，對牡丹的結構作了詳細的解析；接著，分別對幾種牡丹的繪製方法作了精湛詳細的步驟講解，並配有詳細清晰的圖例示範。本書通俗易懂，可以幫助初學者掌握最基本的繪畫工具和繪製技法，並能獨立繪製出一幅完整的牡丹工筆畫。

　　本書適合作為工筆畫愛好者的自學教材及各大院校相關藝術專業學生的參考用書。

國家圖書館出版品預行編目(CIP)資料

無師自通 學工筆：牡丹 / 梁雪編編著. -- 新
　北市：北星圖書, 2019.8
　　面；　公分
　ISBN 978-986-96920-3-8（平裝）

　1.花卉畫 2.工筆畫 3.繪畫技法

944.6　　　　　　　　　　107014979

無師自通 學工筆：牡丹

作　　者 / 梁雪
發 行 人 / 陳偉祥
發　　行 / 北星圖書事業股份有限公司
地　　址 / 新北市永和區中正路 458 號 B1
電　　話 / 886-2-29229000
傳　　真 / 886-2-29229041
網　　址 / www.nsbooks.com.tw
E-MAIL / nsbook@nsbooks.com.tw
劃撥帳戶 / 北星文化事業有限公司
劃撥帳號 / 50042987
製版印刷 / 皇甫彩藝印刷股份有限公司
出 版 日 / 2019 年 8 月
I S B N / 978-986-96920-3-8
定　　價 / 450 元

如有缺頁或裝訂錯誤，請寄回更換

目 錄

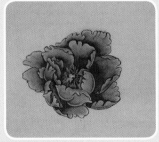 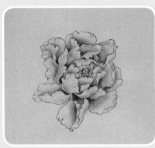 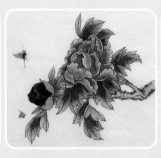 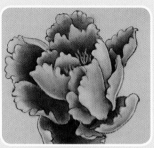

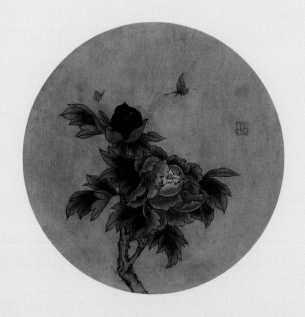

第一章

基本工具介紹

筆／紙／墨／顏料

1.1 筆

　　工筆畫的用筆分為勾線筆和染色筆兩類。

1.1.1 勾線筆

　　勾線筆用於中鋒勾勒細而勻的線條。一般選用狼毫類細而尖的筆。常見的勾線筆有衣紋筆、葉筋筆（常用來勾花鳥畫的葉筋）、紅毛筆等，可依畫面的需要來選擇。

執筆方法

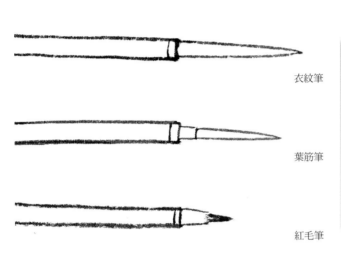

衣紋筆

葉筋筆

紅毛筆

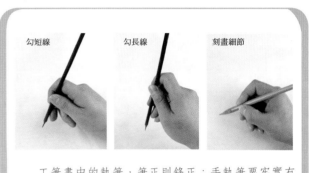

勾短線　　　勾長線　　　刻畫細節

　　工筆畫中的執筆，筆正則鋒正；手執筆要牢實有力，不要緊握；指要離開手掌，掌心是空的，以便運筆自如。

勾線筆的特性

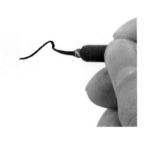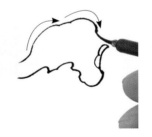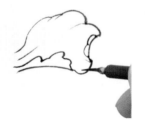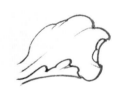

（1）勾線筆屬硬毫筆，含水分較少，筆鋒彈性較強。

（2）不同的運筆變化，呈現出的線條也有不同的動態美感。

（3）勾勒物像輪廓，工整不毛糙，呈"如錐畫沙"般遒勁有力的線條。

在這裡先瞭解勾線筆的特性，後面再掌握線條的畫法。

勾線狼毫筆的使用方法

　　使用勾線筆前，需用溫水將其充分泡開；用後要用水洗淨，放入筆簾或掛在筆架上，不能在水中長時間浸泡，否則容易失去筆的彈性，縮短毛筆的使用壽命。勾線狼毫筆富有韌性，若不能正確使用和保管，它的特性會減弱，畫出的作品效果也會大打折扣。

1.1.2 染色筆

工筆畫分染時用到兩支筆,一支用於染色,稱為著色筆;一支用於暈染,稱為著水筆。染色筆多用大、中、小白雲以及其他軟毫毛筆。白雲筆的外層是羊毫,中間部分是硬而挺的狼毫,既能含較多的水分,又有彈性,是理想的染色筆。染色筆可以多配幾支,白色、冷色、暖色及暗色等最好都有相對應的筆。

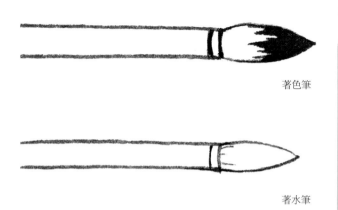

著色筆

著水筆

執筆方法

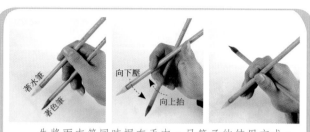

先將兩支筆同時握在手中,呈筷子的使用方式;拇指握在筆的中間,讓著水筆自然滑落到虎口處,然後快速地用中指將著水筆壓下來,再用中指將著色筆抬上去,反覆轉換著色筆和著水筆。初學者需反覆練習,久之便熟練自如。

染色筆的應用

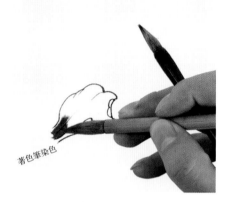

著色筆染色

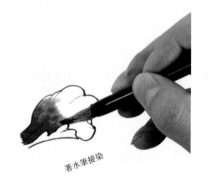

著水筆接染

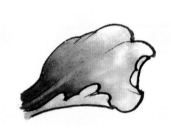

（1）先壓下著色筆,沿著線稿染色。

（2）快速地用中指將著水筆壓下來,用中指將著色筆抬上去,用清水均勻地染。

（3）反覆轉換著色筆和著水筆,直到滿意為止。下一章將詳細講解染色的方法。

如何選用染色筆

狼毫筆富有韌性,爽利便捷,易於掌握,適合作勾線筆用。染色筆不像勾線筆那麼講究,幾乎所有毛筆都可以作著色之用,只是根據所繪物像而有大小之別。染色筆的用筆沒有複雜的筆法要求,可勻細平整,可略見筆觸,根據對象的特徵、形貌採取不同的用筆。

1.2 紙

1.2.1 熟宣

熟宣紙的質地薄,棉料均勻,其特點是濕漲而乾縮。區別生宣紙和熟宣紙的方法,就是看其是否滲水。熟宣紙中也有薄有厚,一般薄者適合畫淡彩,厚者適合畫重彩。其中蟬翼宣最薄,冰雪宣最厚。

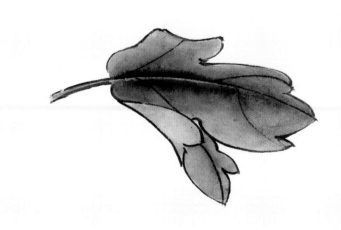

1.2.2 熟宣的特性

　　熟宣在加工時用明礬等塗過，所以紙質比其他用紙硬。其特點是吸水能力較弱、不滲水，使得用墨和用色不易洇散，因此熟宣宜繪製工筆畫。

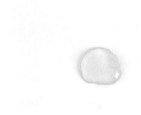

紙張的拓展知識

　　工筆畫的用紙除了熟宣之外，還有單層宣、多層宣、夾宣、皮宣和毛邊紙等，這些皆可作為練習用的畫紙。初學著色，多採用熟宣。質地良好的紙張不易起毛，吃色性好，適於多次渲染，繪製效果易得細膩溫潤之美。

如何將生宣變熟宣？

　　如何將生宣變成熟宣？可以在家裡試著做一做。用明礬一份、骨膠兩份，分別砸碎研磨，用熱水融化，接著調和在一起。如果膠礬質地不純淨，可用細布過濾一下。使用前可用手指蘸膠礬水嚐一下，若略有酸澀之感即可，如果澀得蜇舌頭，就是太濃了，要加水再調。調好後用大排筆蘸膠礬水將生宣或生絹刷勻，晾乾即可。

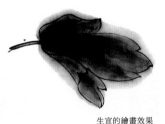
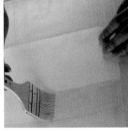
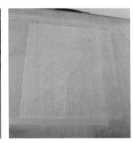
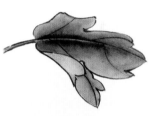

生宣的繪畫效果　　　　　　　　　　　　　　　　　　　　　　　　　　熟宣的繪畫效果

1.2.3 絹

　　絹是純絲織品，古代繪畫常用絹。熟絹的特點是墨色乾後色度變化不大，可以表現墨色厚重和淋漓的效果；材質表面非常光滑、耐染；透明度極好，畫面紋理美觀。古今繪製工筆畫主要用絹。但是絹遇水容易起皺，初學者在使用時需慎重。

1.2.4 畫前裱紙

　　因用熟宣紙或熟絹繪製的工筆畫不易改動，因此畫工筆畫一般先在圖紙上畫好白描稿，稿本要和完成稿大小一致。把稿本印到熟宣或絹上，接著將宣紙或絹裱到畫板或畫框上。再用勾線筆勾勒，接著隨類賦色，層層渲染，從而達到形神兼備的效果。

　　裱畫方法：將畫稿噴濕，等紙完全漲開後，趁濕在畫紙四周的反面塗上1～2釐米寬的漿糊黏牢，乾後就可以作畫了（熟絹也可以繃在畫框上）。

　　因熟宣或絹一般都很薄，呈半透明狀，所以在下面襯一張白紙，作畫時才更容易看清畫面效果。

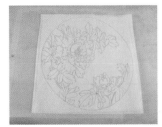
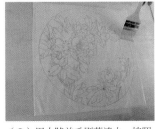
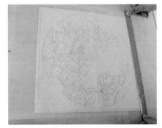
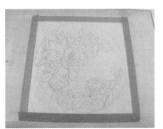

（1）找一張比素描稿大一圈的熟宣紙來做襯紙。因熟宣紙呈半透明狀，故襯白紙作畫更容易看清畫面效果。

（2）用大號羊毛刷蘸清水，按照一定的順序把畫稿刷濕。用力均勻，不要形成太多皺摺。

（3）裁出四條比白描稿兩邊多出一截的水膠帶，在生宣紙比白描稿多出的一圈貼好水膠帶。

（4）貼水膠帶時要等宣紙漲開之後，四邊重疊在一起。等白描稿完全乾後就可以開始上色了。

1.3 墨

1.3.1 墨分五色

　　國畫的墨色通常分為焦、濃、重、淡、清幾個不同的層次。白描勾線時，要根據所描繪物像顏色的明度，調出不同深淺的墨色。工筆畫設色時通常也先渲染墨色來表現畫面的黑白灰關係。

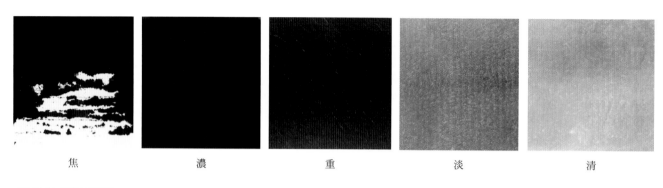

焦　　　　　　濃　　　　　　重　　　　　　淡　　　　　　清

墨色的拓展知識

　　　　水墨工筆畫透過虛實、動靜、聚散、黑白等陰陽相生相剋的關係，表達出色彩斑斕的畫面所呈現的意味，這是獨一無二的。單用墨作畫，實際並不只這五個色階。用墨的方法雖說分為五種，但主要講究一個「活」字。只要能做到「活」，那麼在方法問題上，經過時間的推移可以自己創造，而不是這五種方法所能限制的。

1.3.2 墨色的層次

　　墨色每一次被清水稀釋，都會呈現一個新的色階，由此逐步漸層，將物體的體積感和物體的真實感表現在畫面上。古人說墨色變化多，有「如兼五彩」的藝術效果。

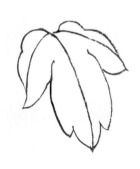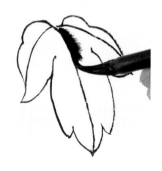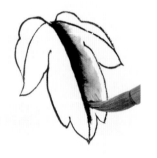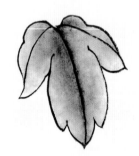

（1）首先用濃墨勾勒輪廓線，用色不宜過重，更不宜過淡。

（2）蘸重墨，沿輪廓線染色，墨的範圍不宜過大，否則易造成墨色層次不明顯。

（3）用著水筆均勻地接染，直至葉子邊緣。

（4）用著水筆一層層地染，要薄而勻，呈現出的墨色變化多樣。

墨與墨錠

　　　　國畫的墨除了有「黑」的顏色屬性外，還有極其高深的學問和藝術效果。「墨錠」從其本身的性質來看，除了黑色，其中尚有許多微妙的色彩傾向。好的墨錠所磨出來的墨色晶瑩、透徹、光亮，同時又不失含蓄。「墨分五色」，「墨有六彩」，歷代畫家透過藝術實踐，創造出許多墨法，使墨色的變化更為豐富多彩。

1.4 顏料

1.4.1 常用的國畫顏色

國畫常使用的顏料有植物顏料（水色）和天然礦物質顏料（石色）。植物顏料有花青、胭脂、藤黃等；礦物質顏料有赭石、硃砂、三青（石青）、三綠（石綠）等。這些統稱為國畫顏料。

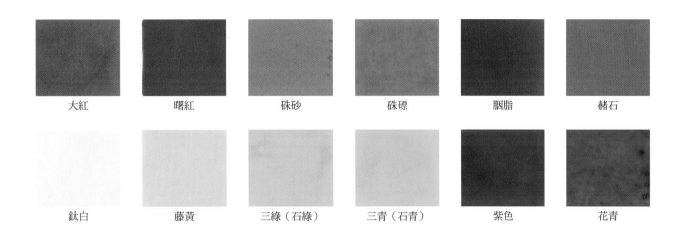

| 大紅 | 曙紅 | 硃砂 | 硃磦 | 胭脂 | 赭石 |

| 鈦白 | 藤黃 | 三綠（石綠） | 三青（石青） | 紫色 | 花青 |

國畫顏料的特性

水色（植物顏料）是透明色，可以相互調和使用；沒有覆蓋力，色質不穩定，容易褪色。石色（礦物顏料）是不透明色，相互不能調和使用；覆蓋力強，色質穩定，不易褪色。

1.4.2 色墨結合

顏色和水墨相結合，會出現新的色值和特有的韻律。這裡介紹幾種主要顏色。

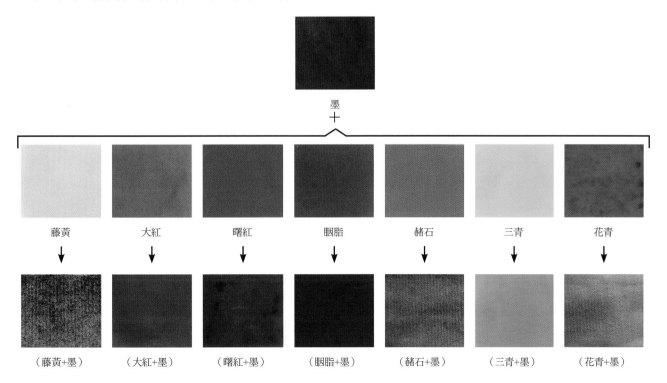

墨
＋

| 藤黃 | 大紅 | 曙紅 | 胭脂 | 赭石 | 三青 | 花青 |

| （藤黃+墨） | （大紅+墨） | （曙紅+墨） | （胭脂+墨） | （赭石+墨） | （三青+墨） | （花青+墨） |

1.4.3 常用的混合色

　　有些顏色經過調和後會呈現出鮮亮的效果，而另一些顏色調和後的效果卻很晦暗。國畫顏料的調色規律與水彩顏料基本類似，對於有水彩畫基礎的國畫初學者而言，掌握工筆畫的調色規律並不難。但國畫顏料也有不同於水彩顏料的特性和色彩傾向，所以建議初學者試著在調色盤上將最基本的十餘種國畫顏料兩兩互相混合，熟悉調色後色彩的變化再開始作畫。

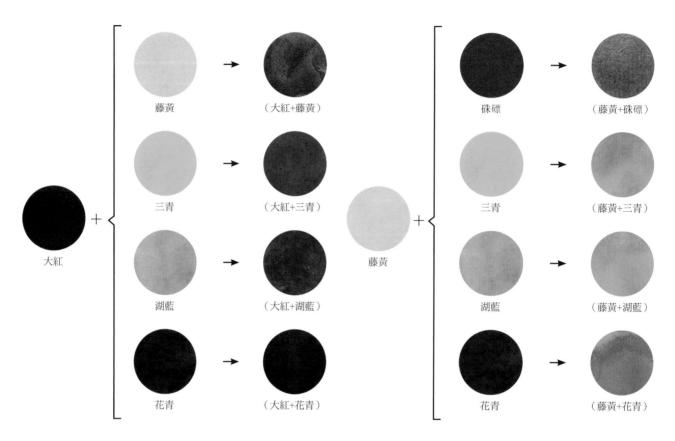

初學者可以這樣做

　　使用混合色時應當注意國畫的韻味。淡雅古拙是國畫的特色，顏色過於豔麗是初學者易出現的問題。顏色要逐步漸層，暈染時應盡量表現出顏色的漸變，以呈現立體感。建議初學者細心建立一個色譜，將基礎色和調配得到的顏色，點畫記錄在這個色譜上，這有利於繪畫中對色彩的運用。

1.4.4 色的濃淡

　　不能直接用筆從調色盤中取顏色作畫，而是要先讓筆頭吸收一定的水分，接著再從中蘸取足夠量的顏色，並在調色盤裡將顏色調勻，調成所需的濃度。起初，筆中水分的多少掌握不好，可以從少量遞加，直到效果滿意為止。

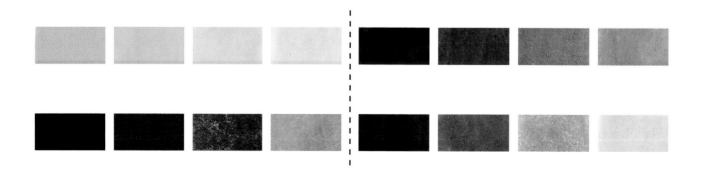

第二章

基本技法介紹

2.1 用線技法

　　線條是工筆畫的基礎。透過對線條的起、行、收的練習，可以掌握線條運行的基本規律，在此基礎上再進行各種線條變化的練習，熟悉不同筆毫硬度的特性和用筆的不同角度變化規律，準確掌握指、腕、肘的運行方向和力度，靈活運用各種頓挫、轉折、提按。線條變化豐富，要求多樣，重點要掌握中鋒運筆，這樣才能畫出挺健流暢的線條。

2.1.1 基本方法

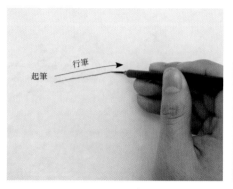
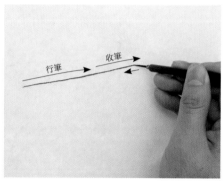

工筆畫與書法的關係

　　工筆畫線條的筆法源於書法。每一條線的筆法都有起筆、行筆和收筆三個過程。對於起筆、行筆以及收筆的要求是欲右先左、欲左先右、欲上先下、欲下先上、逆入平出，以使線條含蓄而勁力內斂。

2.1.2 線條的表現力

濃淡

　　色彩深重的物像在工筆畫中可用濃墨線條表現，色彩淺淡的物像則多用淡墨線條表現。如碧綠的荷葉色重，宜用濃墨線條勾勒，而淺淡的粉紅荷花則宜用淡墨線條表現。

乾濕

　　質地柔軟者，如畫潤澤輕盈的花瓣，為表現其柔嫩，多用「濕」的線條表現；而畫斷枝老節，為表現其堅硬，則多用「乾」的線條表現。

粗細

　　一個物體用近粗遠細的線條表現；或者背光的部分用重墨粗線，而受光的亮部則用略淡的細墨線表現。如畫透視感較強的蓮蓬、枝幹的上下段或粗枝的左右兩邊，在這些形像簡單的畫面中，尤其要注意表現其明暗的深淺變化，而且要注意畫面的整體統一。

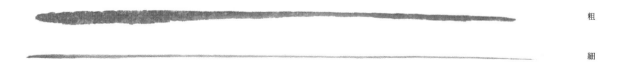

線條的應用

　　線條的表現力多種多樣，沒有侷限性。透過下圖的範例，初學者可以瞭解同樣的線條經少許變化就可以使物像生動自然；待掌握用法後，便可自如運用線條，豐富畫面的效果，增強表現力。

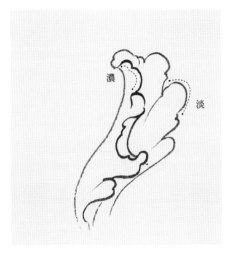
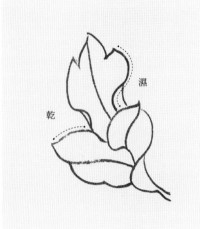
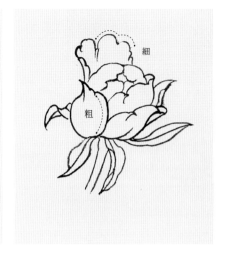

2.1.3　常用的線描技法

曲線

　　線描中最具代表性的是游絲描類，其壓力均勻，粗細無變化。此類描法適於勾勒物像的外輪廓，如花瓣、葉等一些流暢性較好的輪廓，線條墨色秀潤簡勁，細勁平直，根據不同的質感則使用不同的表現手法，以呈現外柔內剛的特徵。

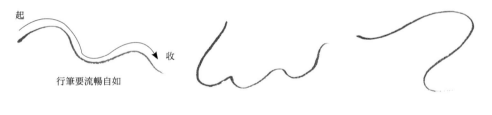

游絲描

其線條用尖圓勻齊之中鋒筆尖畫出，有收有起，流暢自如，顯得細密綿長，富有流動性。此描法平滑、圓潤、流暢、舒展。

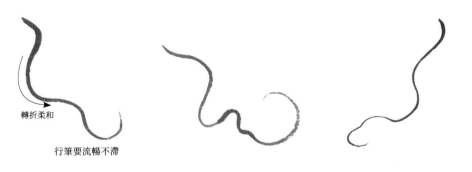

行雲流水描

此描法以中鋒運筆，筆法如行雲流水，活躍飛動，有起有伏。

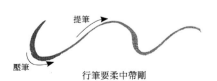
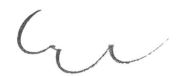

柳葉描

此描法所畫線條的形狀如柳葉，輕盈靈動，婀娜多姿，使畫面呈現一種清新、靈動、輕盈的美感。

13

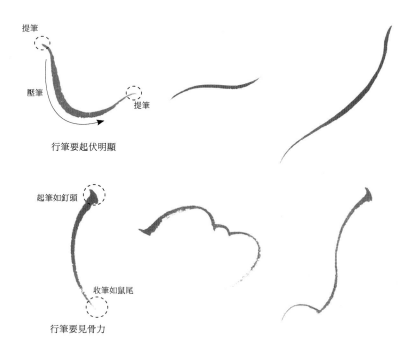

竹葉描

用筆起伏明顯，線條粗細變化較大，很像隨風飄動的竹葉，飄逸活潑。竹葉、柳葉、蘆葉這三種葉子從外形上看很相似，只有依靠描繪時下筆的輕重、剛柔和長短等變化來加以區分。

釘頭鼠尾描

落筆處如鐵釘之頭，線條呈釘狀；行筆收筆，一氣拖長，如鼠之尾，所謂頭禿尾尖，頭重尾輕。採用中鋒勁利的筆法，線形前肥後銳，形同釘頭鼠尾。適合表現花瓣或葉的轉折處。

折線

此類描法的特點是壓力不均勻，運筆中時提時頓，忽粗忽細，適合表現枯乾、枯葉等一些粗糙質地的物體。

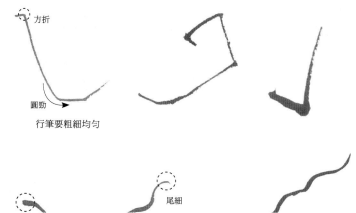

鐵線描

此描法用中鋒圓勁之筆，絲毫不見柔弱之跡，其起筆轉折時稍微有回頓方折之意，猶如將鐵絲環彎，圓勻中略顯刻畫之痕跡。適合表現枯乾。

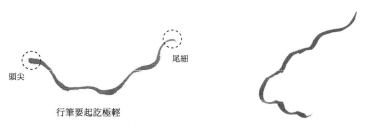

橄欖描

此描法用筆起訖極輕，頭尾尖細，中間沉者粗重，所畫線條如橄欖果實，故而有「橄欖描」之名。用顫筆畫出，用筆最忌兩頭有力而中間虛弱。

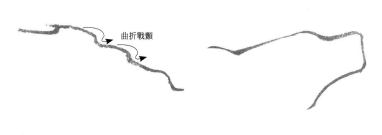

戰筆描

此描法用筆要停而不滯。筆法簡細流利，線條呈現出曲折戰顫之感。

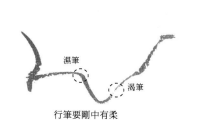
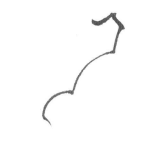

柴筆描

柴筆描和戰筆描在用筆上並無多大區別，只是柴筆描渴筆較多，後者則乾濕並用。這種描法用筆以剛中有柔，整而不亂為宜。

2.2 渲染技法

　　工筆畫造型嚴謹，形象生動，線條多變，色墨潤澤，層次豐富。傳統的工筆花鳥畫採用線條勾勒和色墨潤染相結合的方法，因此用色也是花鳥畫中最為重要的一環。工筆畫染色方法大致有潤染、分染、提染、背染、調染、罩染、渲染、襯染、點染、濕染等。以下講解幾種常用的工筆畫染法。

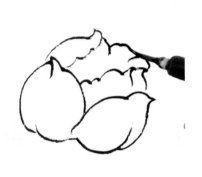

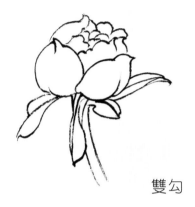

工筆渲染的前提

　　工筆畫中的勾線就是勾勒輪廓，一般用勾線筆或衣紋筆。勾線就是繪製白描稿，這是工筆畫進行渲染的前提條件。勾線的時候要講究筆法，不能含糊不清，線條要有變化。

雙勾

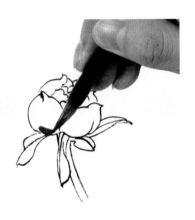

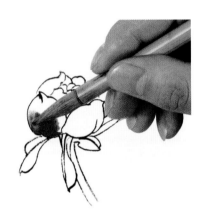

1 在雙勾的基礎上，調曙紅沿著花瓣下端的邊緣染色，趁顏色未乾時快速拿著水筆暈染開。重複這種方法，對每一片花瓣進行暈染。這就是「分層著色」，也就是傳統技法「三礬九染」，簡稱「礬染」。實際上，並不一定礬三次、染九次。礬的目的與作用，主要是防止在第二次著色時把第一次著的顏色泛起來，否則會把顏色搞髒了。分染的目的是為了在著色之前表現出所繪製物像基本的明暗關係。

分染

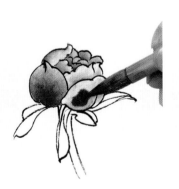

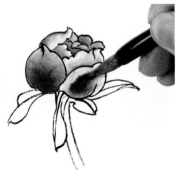

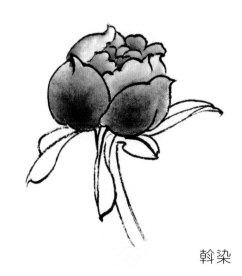

2 幹染是指運用著水筆在色塊的四周旋轉，將一塊色彩向四周染開，通常用於工筆畫中人物臉部的染色，花鳥畫中也用於染反瓣的花瓣的顏色。此處調曙紅用染色筆在花瓣的中間染色，接著用著水筆旋轉著將顏色暈開，表現出花瓣的體積感。

幹染

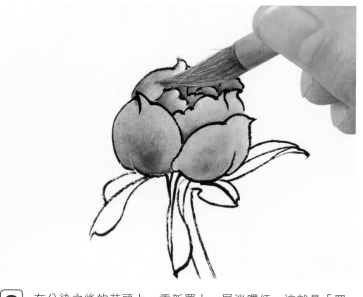

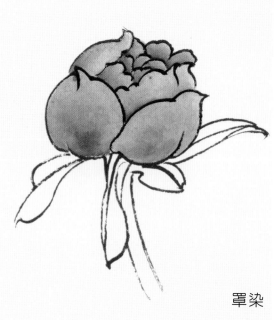

3 在分染之後的花頭上，重新罩上一層淡曙紅，這就是「罩染」。畫法以平塗為主，一般以水色和半透明色覆蓋。用筆要輕，顏色要淡，要透露出分染過的底色。

罩染

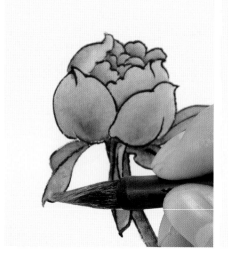

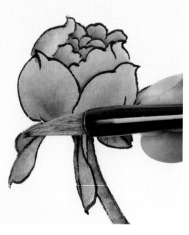

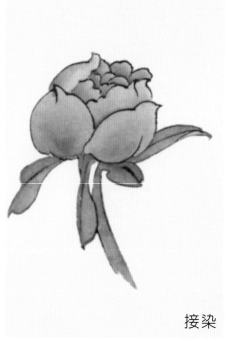

4 接染是指用兩支或兩支以上的筆蘸不同的顏色，畫出物體不同的深淺，接著用著水筆或者另外的染色筆趁濕潤時將顏色接染融合在一起。此處用綠色分染葉子後，調藤黃沿著葉子的邊緣向內接染，形成特殊的肌理效果。此法如果運用適宜，畫面濕潤自然，氣韻生動。

接染

接染的特點和技法

接染法一般適合表現色澤鮮艷的物像。具體方法是分碟調出兩到三種顏色，各種顏色的厚薄相同，多為同類色或類似色，分幾支筆將顏色畫於紙上，迅速用偏乾的清水筆將各種顏色接勻。或是將兩個在同一範圍內的顏色用清水銜接起來，產生自然漸層的效果。要求不露筆痕、色暈勻和。

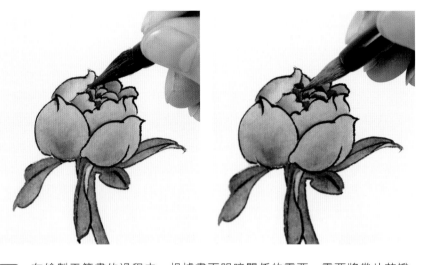

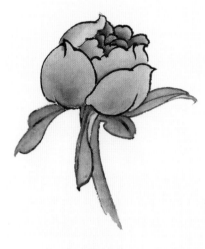

5 在繪製工筆畫的過程中，根據畫面明暗關係的需要，需要將幾片花瓣統一渲染，強調整體的明暗與色彩關係，稱為「統染」。根部的附近沒有留水線。統染其實就是一種大範圍色調的渲染。此處，內層的花瓣比反瓣的顏色重，因此用曙紅色統一再次渲染。

統染

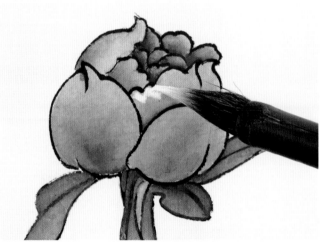

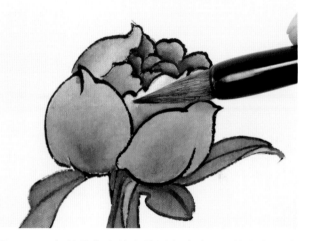

6 提染是指在染色將近完成時，用某種小面積的顏色對畫面局部進行提亮或加深。此處提染的方法是，把筆洗淨，筆尖上蘸較濃的白粉，側鋒用筆，從瓣邊局部上提一些由深到淺、由淺到無的白粉，這樣就加強了花朵的立體感。

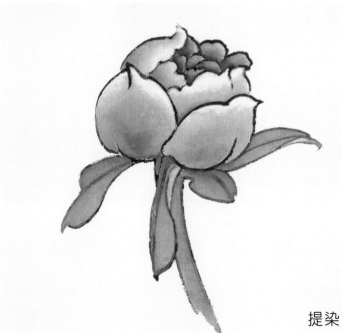

提染

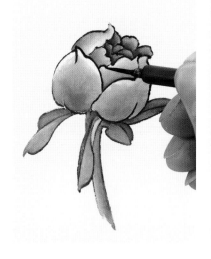 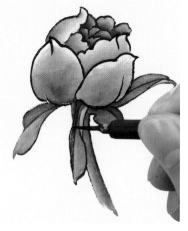 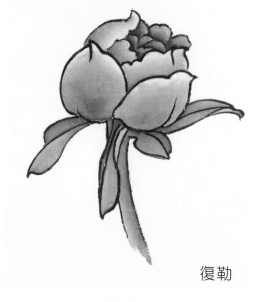

7 復勒是指設色完成以後，用墨線或色線順著物體的邊緣重新勾勒一次。如本圖所示，勾出花瓣和葉脈的邊緣線。這種技法是為了使所繪製的形象更加清晰鮮明。

復勒

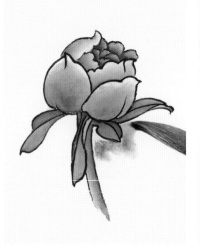 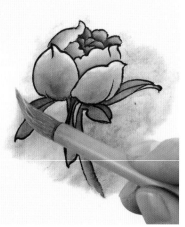 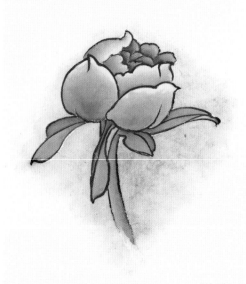

8 在所繪製的物像周圍淡淡地渲染一層底色，用來襯托或掩飾物體，使物像不至於太過孤立。這種技法叫作烘染。此處是用筆調和淡赭石對花苞的周圍進行染色，使所畫物像更加突出。

烘染

其他打底方法

在工筆花鳥畫中，也有全部先用淺淺的白粉打底色的，這是平塗，不必分深淺。其作用是：（1）如在生宣上作工筆花鳥畫，經過塗一層薄粉，乾後任意著色，就容易控制了。（2）不管在熟紙還是絹上，先塗一層薄粉，乾後於上面著色，色彩比較鮮豔，並且加強了立體感。（3）用白粉塗底，可以塗平畫絹上因沒礬好而漏色處。

第三章

牡丹結構解析

3.1 牡丹的結構

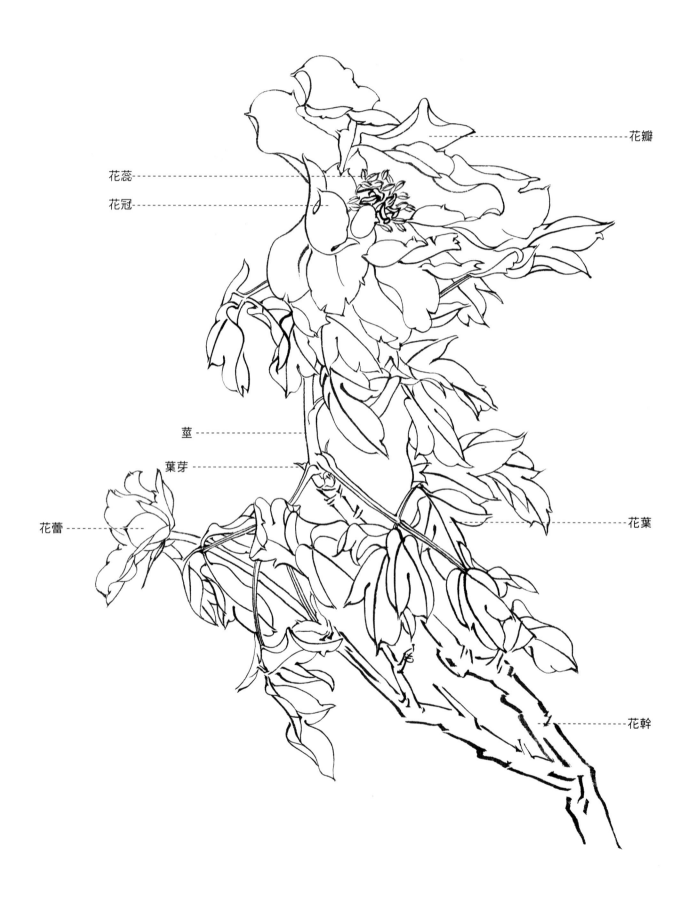

花瓣

花蕊

花冠

莖

葉芽

花蕾

花葉

花幹

3.2 花頭

3.2.1 花頭的結構

牡丹的花頭是複瓣花，呈球狀。盛開的牡丹花頭花形豐滿，外觀大致為圓形。

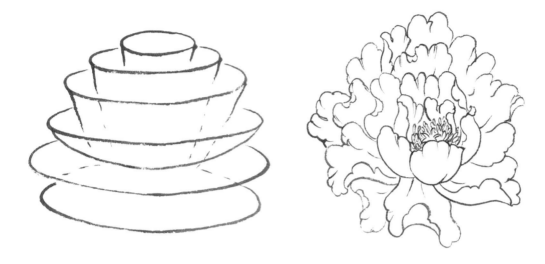

3.2.2 花瓣的不同姿態

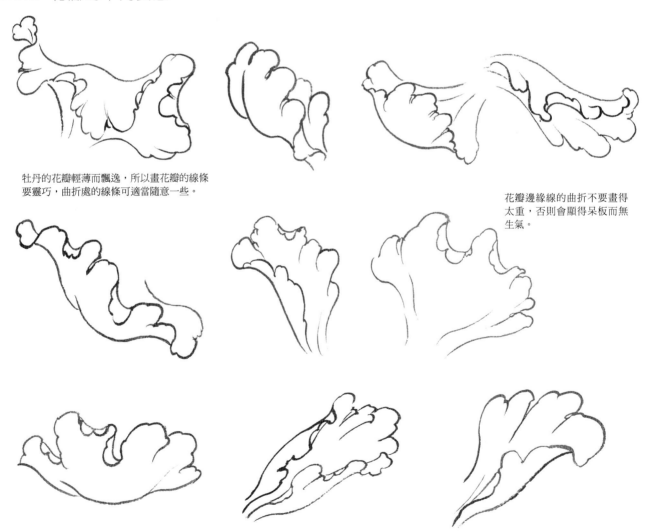

牡丹的花瓣輕薄而飄逸，所以畫花瓣的線條要靈巧，曲折處的線條可適當隨意一些。

花瓣邊緣線的曲折不要畫得太重，否則會顯得呆板而無生氣。

3.2.3 花頭的不同姿態

　　下圖展示的是花頭從花苞到綻放的各種形態。畫花苞時，要用挺拔而遒勁的線條畫出萼片，留出的花瓣不多，但是用線要輕而細。牡丹初放時花形小而豐滿。含苞待放的牡丹花瓣隨著開放逐漸舒展，畫時要注意中間的花瓣緊包著花蕊。無論是花頭的何種形態，花瓣的用線都應比較細，邊緣線曲折多變，且要一氣呵成。

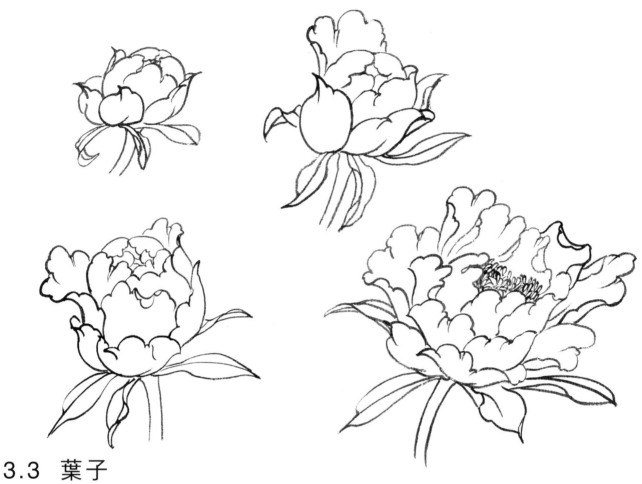

3.3 葉子

3.3.1 單片葉子

　　牡丹的葉片發自花的周圍，為互生，複葉羽狀。在大葉柄上分出三個小葉柄，每個小葉柄上長出三片葉，叫作「三叉九鼎」。

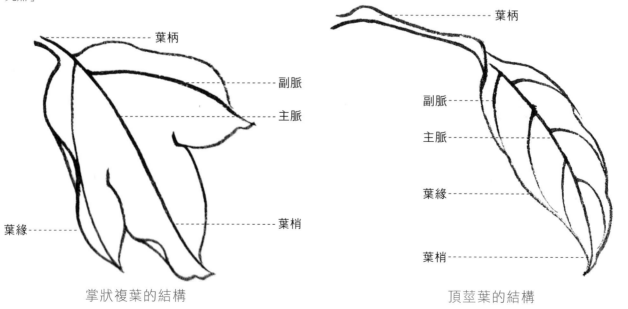

掌狀複葉的結構　　　　　　　　　　頂莖葉的結構

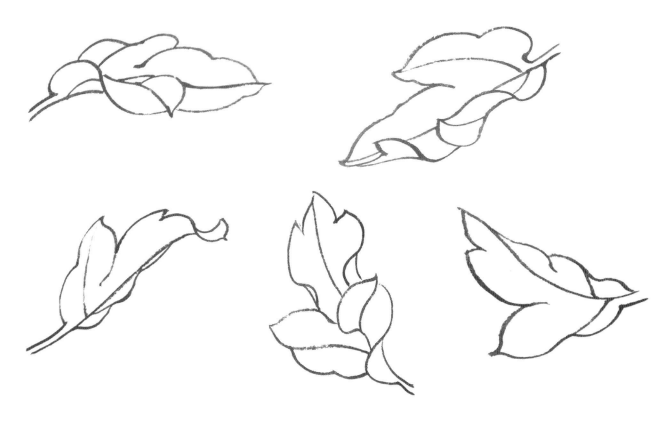

3.3.2　複葉

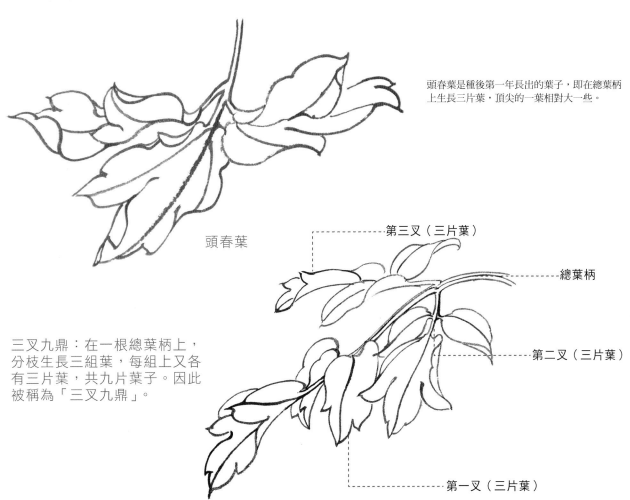

頭春葉是種後第一年長出的葉子，即在總葉柄
上生長三片葉，頂尖的一葉相對大一些。

頭春葉

三叉九鼎：在一根總葉柄上，
　分枝生長三組葉，每組上又各
　有三片葉，共九片葉子。因此
　被稱為「三叉九鼎」。

第三叉（三片葉）

總葉柄

第二叉（三片葉）

第一叉（三片葉）

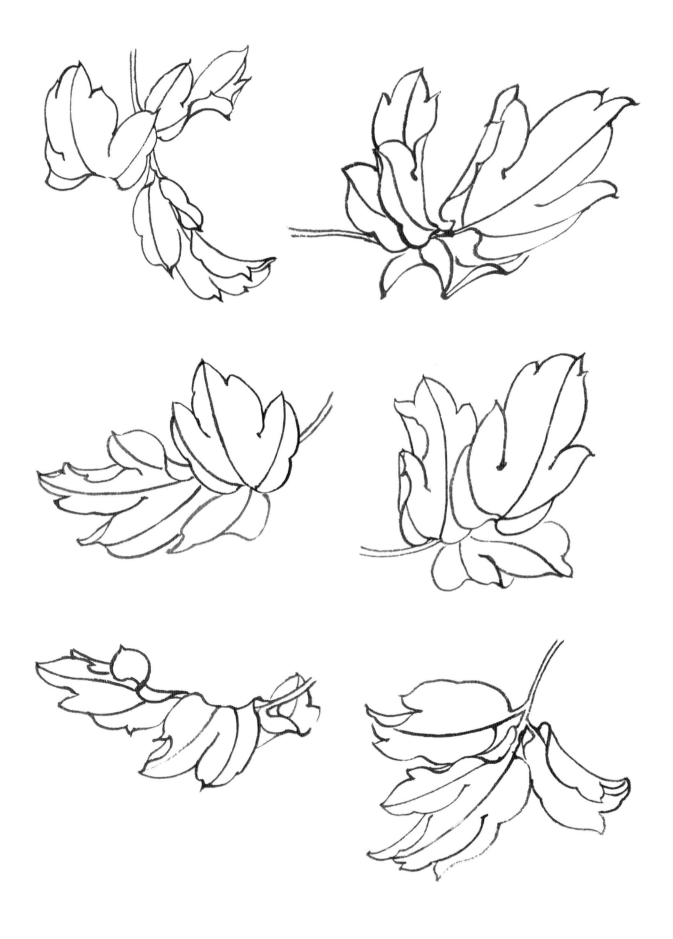

3.4 枝幹

　　枝和幹在牡丹上呈現得很分明。多皺的木質部分是「幹」，很粗糙，畫時要注意用粗而短的線條有頓挫地畫出。枝上生梗長葉，枝端生花。

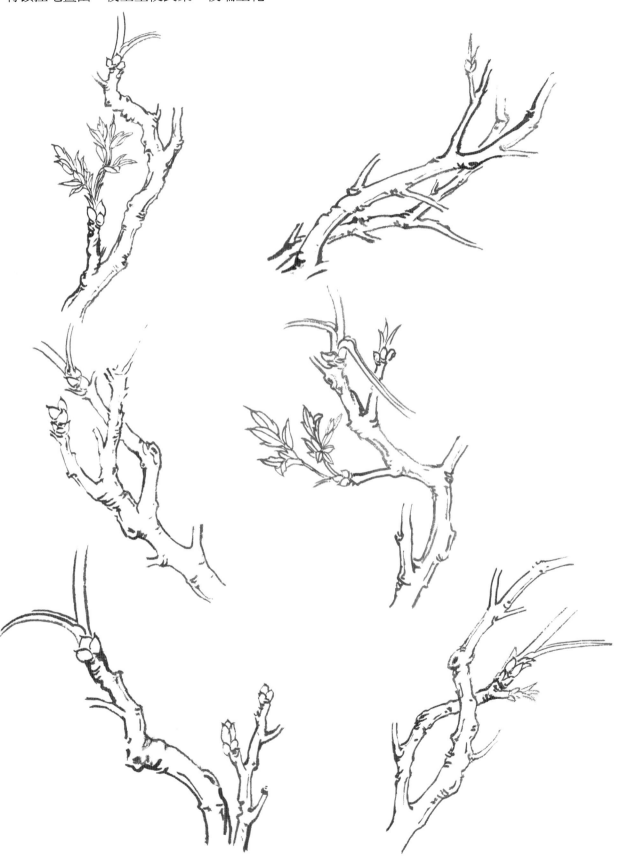

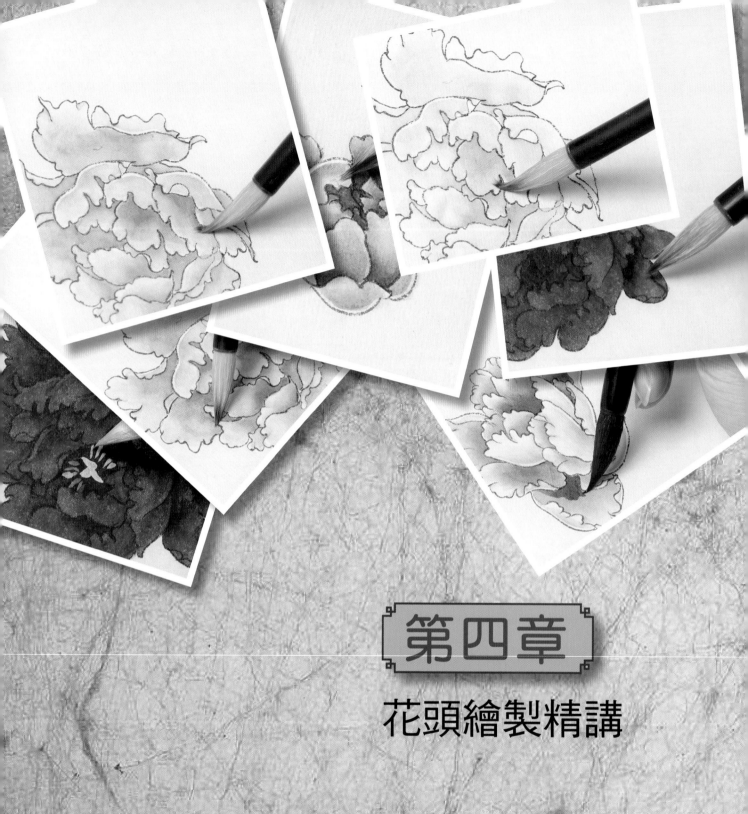

第四章

花頭繪製精講

花苞/初開花頭/全開花頭

4.1 花苞

花苞，已見花瓣或見到花瓣的大部分以至全部，但不見花蕊。花瓣內緊外鬆，形成方形、梯形等不同形狀。與盛開的花頭相比，其花瓣外弧線應更緊湊一些。花苞形小色豔，與盛開的花頭形成對照與呼應。花苞生機勃勃，更加旺盛，是牡丹畫面中不可缺少。畫時應昂首向上，切忌下垂倒掛。

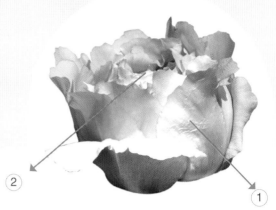

① 花瓣　② 花蕊位置

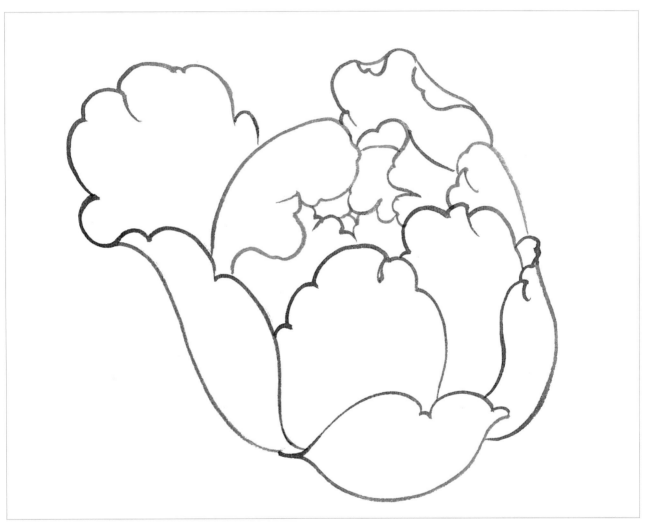

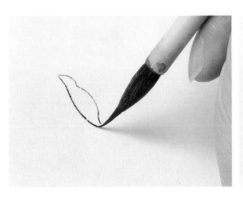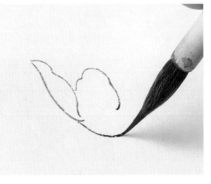

1 用勾線筆，將少量的清水調和墨汁，蘸滿筆尖，中鋒運筆，從花心處開始勾畫花瓣。

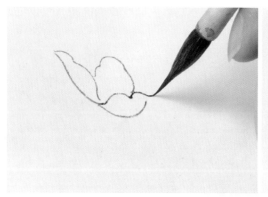
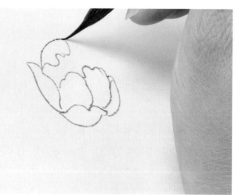

花瓣的外輪廓線就是常說的邊緣線，勾出的線條應實且有波動。在勾畫花瓣的翻轉折線時，線條應光滑且有弧度。

2 用同樣的調色與運筆方法，以花心處的花瓣為參考，繼續勾畫花瓣，完成花苞墨線的勾畫。

勾畫時從上到下或從左到右，按順序勾，把花瓣的前後關係理清楚，這樣勾出的線才不會出錯。

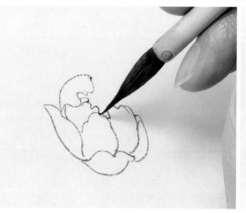
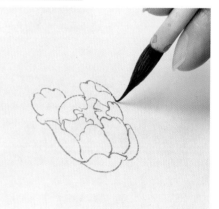

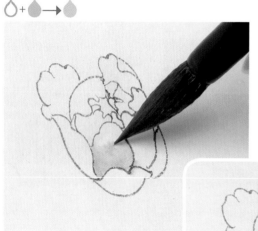

第一遍著色時主要是分染出花苞整體的明暗關係，調色時可適當地添加少許墨色。

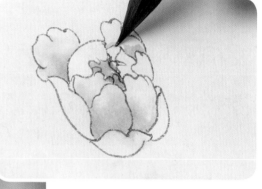

3 選用小號羊毫筆，調和曙紅和清水（較多），蘸滿筆肚，側鋒運筆，著水筆配合，對花苞進行第一遍分染。

知識拓展

執筆的方法：
拇指外推，中指食指向裡勾，夾住筆桿，無名指與中指併攏，以指甲根部貼緊筆桿，小拇指則緊靠無名指助力。

繪畫步驟：勾墨線

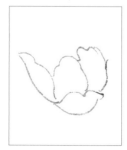
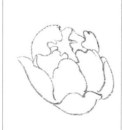
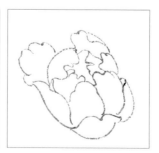

繪畫步驟：分染

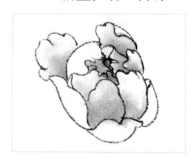

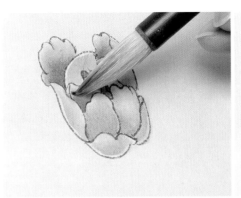
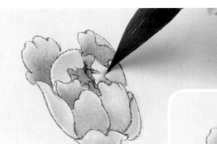

4 選用小號羊毫筆，用較多的清水與曙紅調和，側鋒運筆，對花苞進行統染。

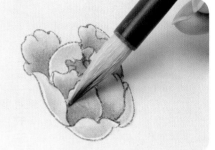

統染的時候要逐次將染色面積縮小，同時要注意花瓣之間的掩映關係，通常被蓋在下面的花瓣要比上面的黯淡一些。

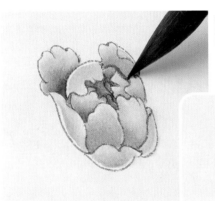

5 選用小號羊毫筆，調和曙紅（多）和清水，側鋒運筆，配合著水筆對花苞進行第二遍分染。

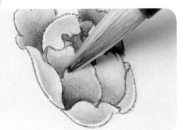
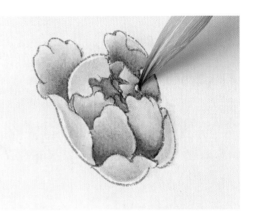

6 用小號羊毫筆，調和白粉和少許清水，蘸滿筆尖，中鋒運筆，與著水筆配合使用，提染花苞的亮部區域。

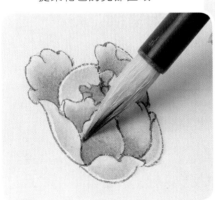
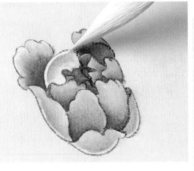
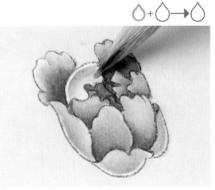

知識拓展

統染：在繪製工筆畫的過程中，根據畫面明暗關係的需要，往往需要將幾片葉子、幾片花瓣統一渲染，強調整體的明暗與色彩關係，稱為「統染」。

繪畫步驟：提染

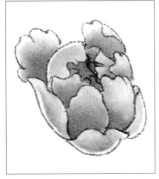
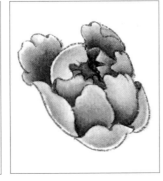
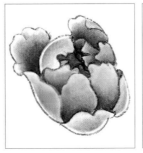
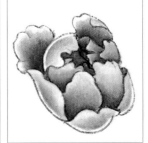

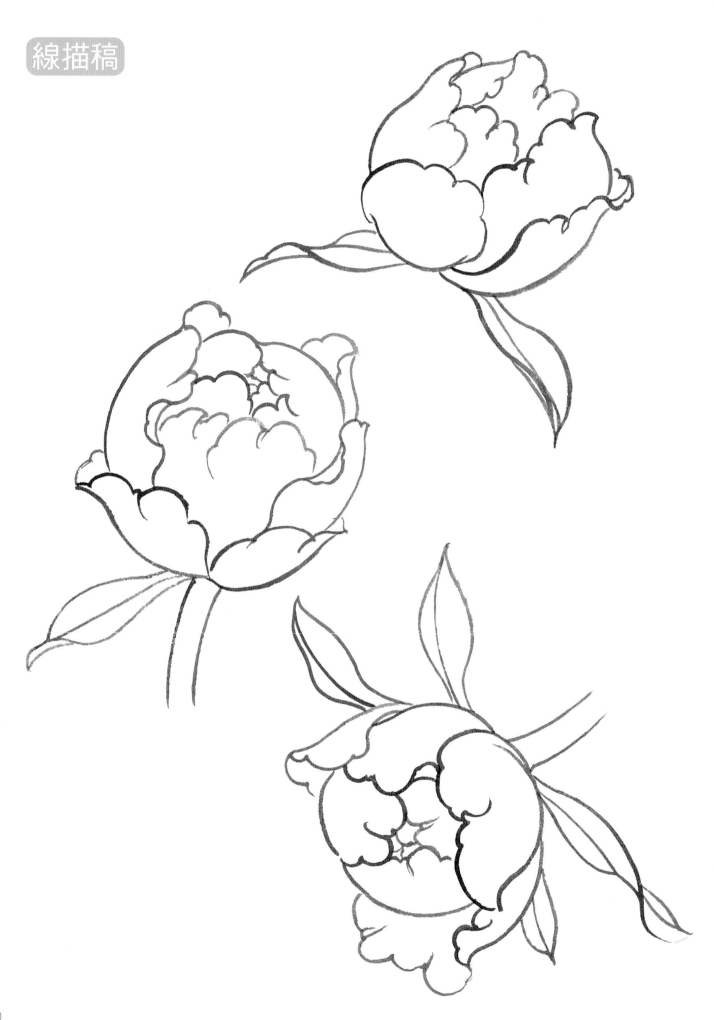

4.2 初開花頭

　　初開花朵是大花蕾的繼續和發展，花瓣已全露於外排列整齊，花蕊初露，色豔欲滴，美麗動人。畫初開花頭要注意外緣瓣的處理，花瓣的皺摺變化比大花蕾更多，使其不要過圓過板，既表現出旺盛的生命力，又婀娜多姿。

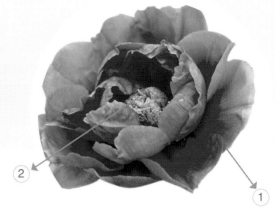

①花瓣　②花蕊

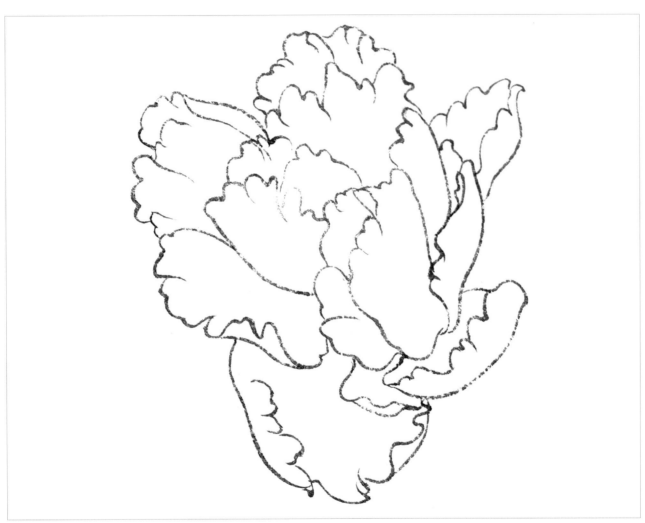

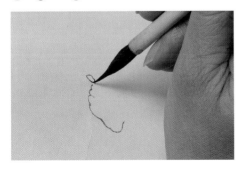
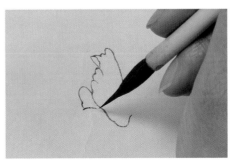

1　選用一支小號狼毫筆，用少量的清水調和墨汁，蘸滿筆尖，中鋒運筆，從花心處開始勾畫花瓣。

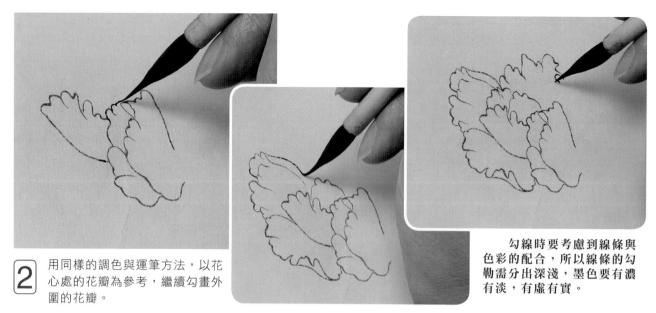

② 用同樣的調色與運筆方法，以花心處的花瓣為參考，繼續勾畫外圍的花瓣。

勾線時要考慮到線條與色彩的配合，所以線條的勾勒需分出深淺，墨色要有濃有淡，有虛有實。

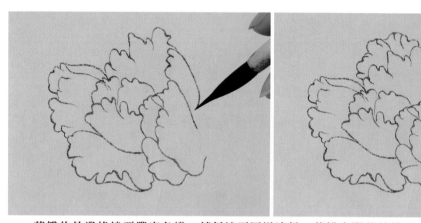

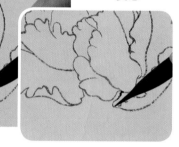

③ 繼續勾畫外圍花瓣，注意花瓣的翻捲、向背等姿態。

花瓣的外邊緣線要豐富多變，轉折線要圓滑流暢，花瓣中間的結構線要稍微勁挺一些才好。

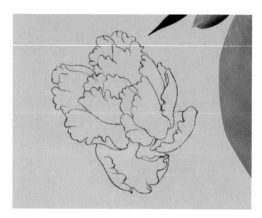

④ 完成花頭墨線的所有勾畫。

初開花頭的花瓣皺摺較多，在勾畫時要掌握好花瓣的翻捲與皺摺的疏密，通常花心處密一些，外部花瓣的皺摺疏一些。

知識拓展

在白描花卉中，用墨的基本原則需要本著呈現花卉自身的質感為主，透過墨的濃淡乾濕描繪。牡丹花花瓣的邊緣較薄，勾線時通常從花瓣的基部起筆，由粗到細至邊緣。一般，白描中用淡墨及較細的線勾花瓣，用重墨及較粗的線勾葉、莖、花萼及花柄，花絲則用重墨或淡墨勾，花藥用濃墨來點。對於固有色較深的花瓣，勾線時花頭的用色可稍重；固有色為白色的花，則要用淡墨。

繪畫步驟：勾墨線

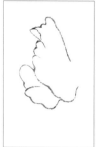
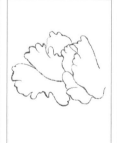
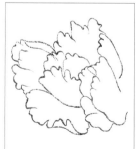
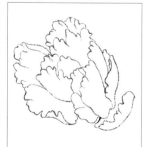
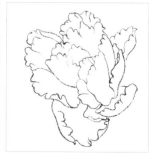

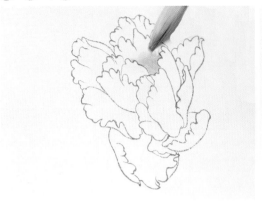
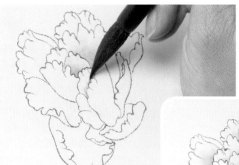

由根部向瓣尖
分染花瓣，繪製時
著色筆和著水筆要
配合使用，使色彩
層次柔和、細膩。

5 選用一支小號羊毫筆，用少量的清水調和曙紅，蘸滿筆肚，中鋒運筆，與
著水筆相互配合，從花心處開始分染花瓣。

水線是呈現花頭結構
關係的主要手法，分染時
要適當地留出水線。

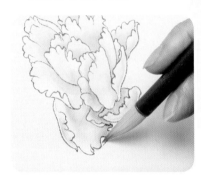
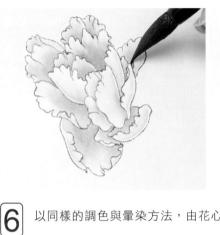
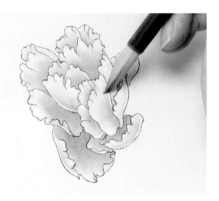

6 以同樣的調色與暈染方法，由花心處向外繼續分染花瓣，完成第一遍分染。

第二遍分染花瓣時，顏色
可以適當重一點，反瓣用淡曙
紅分染，在靠近根部的地方留
一條水線。

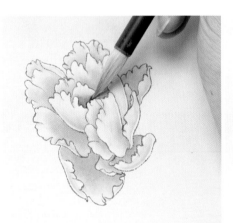
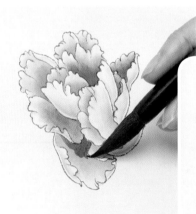
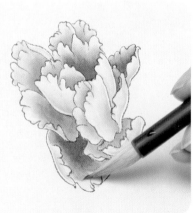

7 選用小號羊毫筆，調和曙紅（稍多）和少量清水，蘸滿筆尖，與著
水筆配合，對花頭進行第二遍分染。

繪畫步驟：分染

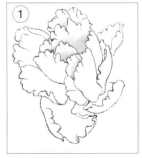
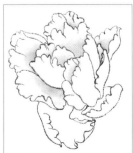
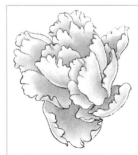
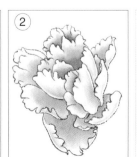
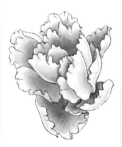

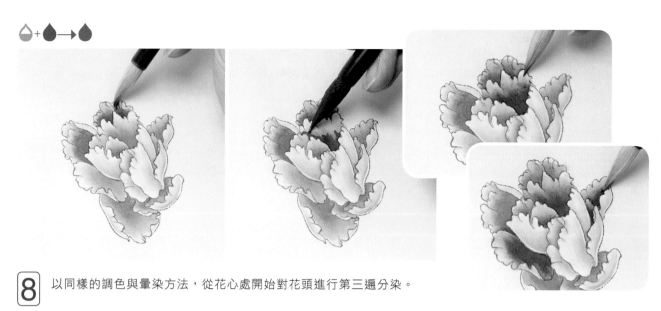

8 以同樣的調色與暈染方法，從花心處開始對花頭進行第三遍分染。

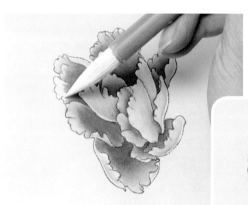

不要將每一片花瓣都染到，主要提染花瓣的最亮面和最近的幾片花瓣，粉不可過厚。

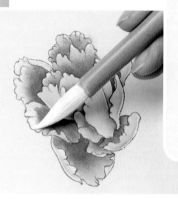

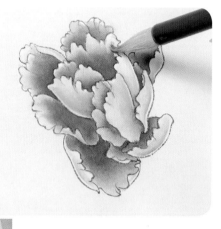

9 選用小號羊毫筆，調和白粉和少許清水，蘸滿筆肚，與著水筆配合使用，對花瓣的亮部進行提染。

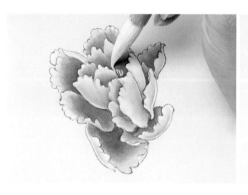

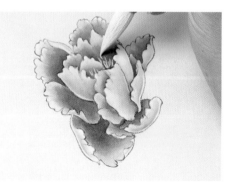

10 小號羊毫筆，調和藤黃和少許白粉，蘸滿筆尖，中鋒運筆，勾畫花蕊。

初開花頭的花蕊露出的較少，適當勾畫一些，要表現出那種欲露欲藏的感覺。

繪畫步驟：提染

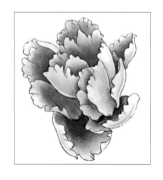

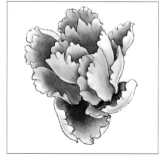

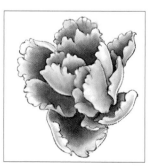

繪畫步驟：點花蕊

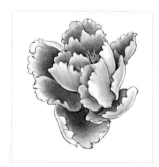

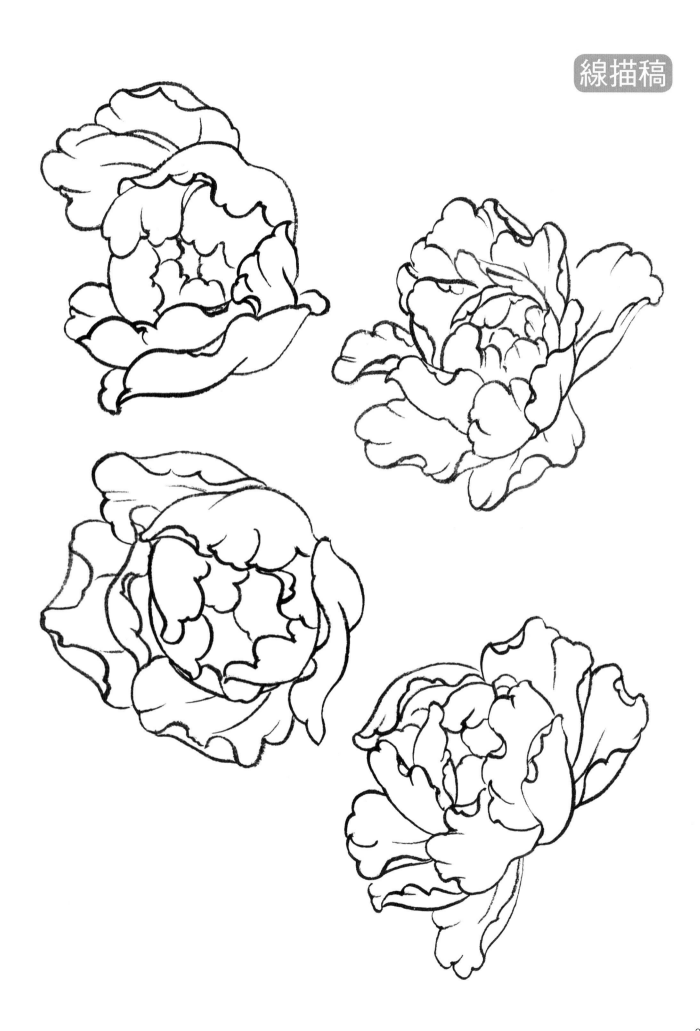

4.3 全開花頭

　　牡丹花以其雍容華貴的姿態傲然屹立於群芳之中，被譽為「花中之王」。牡丹花花頭的形態雍容華貴，花瓣層疊，有單瓣、複瓣、重瓣等不同的形態，花瓣呈倒卵形，花瓣外端呈不規則的波狀；花色經過變異，色彩豐富，常見的有玫瑰紅、白色、紫紅色等。

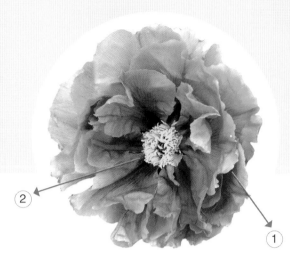

① 花瓣　② 花蕊　②

①

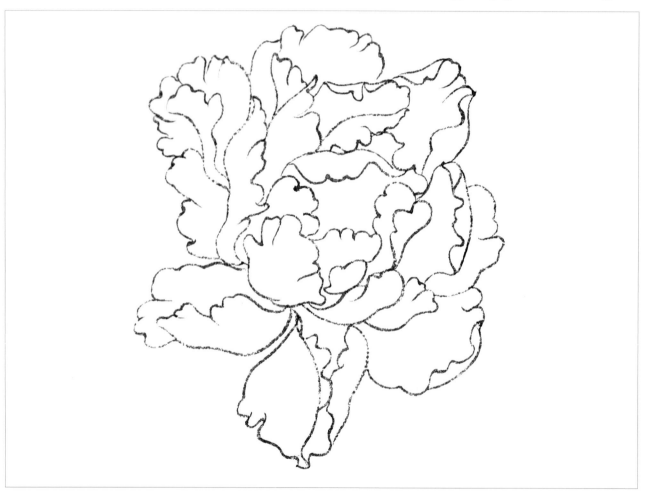

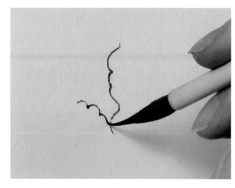 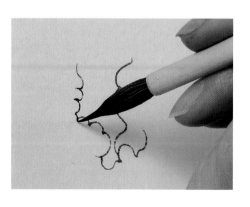

1 選用小號狼毫筆，用少量的清水調和墨汁，蘸滿筆尖，中鋒運筆，從花心處開始勾畫花瓣。

　　線為造型的基礎，運用毛筆進行勾線時，線條基本可以概括為「平、圓、留、重、變」五個字。

透過腕力控制筆尖的力道，使筆尖對紙面的壓力均勻。行筆要穩，速度要慢。

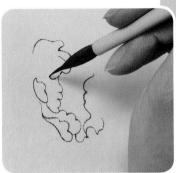

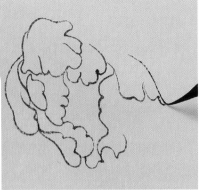

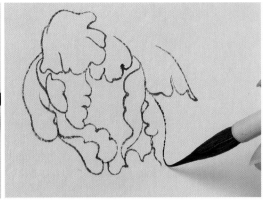

2 用同樣的調色與運筆方法，以花心處的花瓣為參考，繼續勾畫外圍的花瓣。

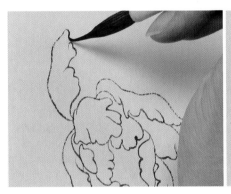

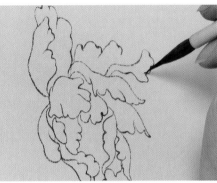

3 繼續勾畫外圍的花瓣，注意花瓣的翻捲、向背等姿態。

勾畫花瓣的線條不要太粗，盡量做到流暢而婉轉自如。花瓣的外邊緣線要豐富多變，轉折線要圓滑流暢，花瓣中間的結構線要稍微勁挺一些才好。

4 繼續勾畫，完成整個花頭的勾畫。

掌握整個花頭的俯仰姿態，做最後的調整。

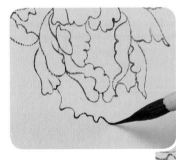

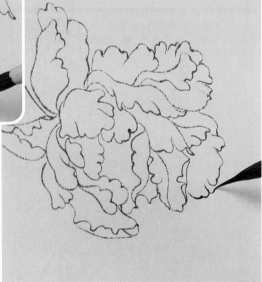

知識拓展

白描花卉時要仔細看清花卉的結構及來龍去脈後再下筆勾。對於具體的一朵花來說，要先勾最上層的花瓣，然後以此類推。白描的前後層次關係要透過線與線的穿插關係來呈現。線的前後關係呈現了花卉的結構關係，勾勒時不可違背結構關係。

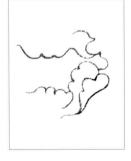
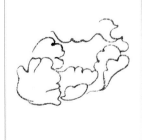
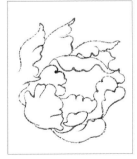
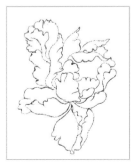
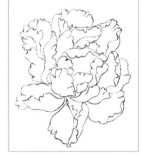

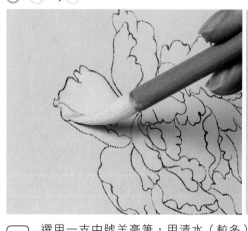

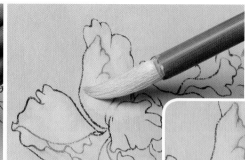

平塗多在做底色及畫面局部顏色時使用，不要見筆痕。平塗時注意對邊緣的處理，盡量控制在邊緣線之內。

 5 選用一支中號羊毫筆，用清水（較多）與白粉調和，蘸滿筆肚，側鋒運筆，對花瓣進行平塗。

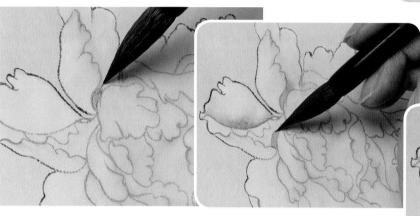

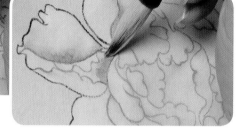

一支筆蘸色，另一支筆蘸清水，著色筆在紙上著色後，再用著水筆將色彩暈開，形成色彩由濃到淡的漸變效果。

6 選用兩支中號羊毫筆，調和曙紅和清水（多），一支筆蘸顏色，一支筆蘸滿清水，中鋒兼側鋒運筆，給花瓣著色。

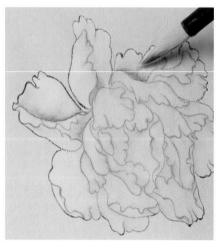

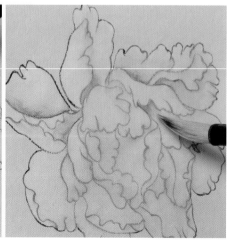

7 以同樣的調色與運筆方法繼續繪製花瓣，注意著水筆的運用。

用曙紅從根部往瓣尖分染花瓣，這時候不需考慮花瓣的結構、瓣尖掩映等細小變化，主要就是分染花瓣本身的固有色變化。反瓣的根部、轉折線的邊緣此時都可以不留水線。

繪畫步驟：平塗

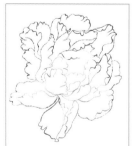
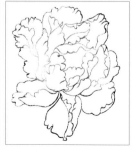
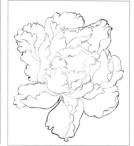
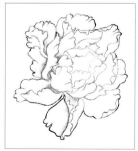
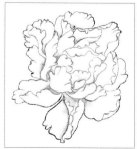

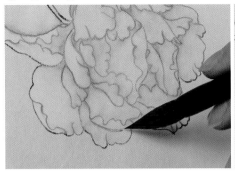
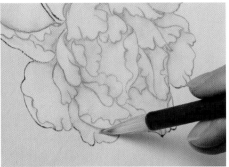
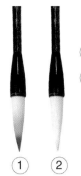

① 著色筆
② 著水筆

① ②

8 選用一支中號羊毫筆，用清水（較少）與曙紅調和，蘸滿筆尖，中鋒運筆，對花瓣進行第二遍分染。

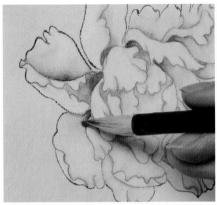
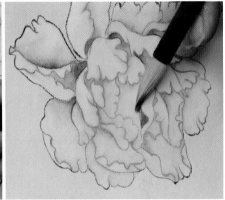

9 用稍濃一些的曙紅分染花瓣的結構關係。此時的分染主要集中在花瓣根部和花瓣的結構轉折、掩映部分。反瓣用淡曙紅繼續分染，在靠近根部的地方留一條水線。

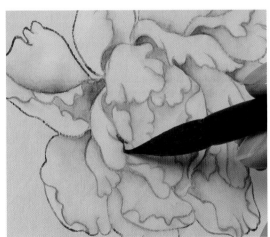

10 以同樣的調色及運筆方法，繼續對花瓣進行分染。

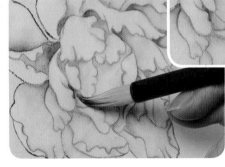

著色筆著一次色，應立即用清水暈開，不宜停留過長的時間，否則會出現色痕。此外著水筆要勤洗，否則就做不到暈淡色彩的作用。

知識拓展

　　染法：染色的方法有許多種，一般有平塗、分染、罩染等。平塗多在做色底及畫面局部平塗顏色時使用，不宜見筆痕。分染是分出物體結構的染法，有高染與低染兩種。染在物體中間凸起部位並造成一點立體意味的方法是高染。罩染是在已分染過色墨的部分罩上某種顏色，這樣能產生厚重而沉著的色彩變化。烘染一般是在物體之外染出一部分色墨，以便加強主體的塑造，實際上有擴大的意味，畫月、雲、雪時多用。

繪畫步驟：分染 1

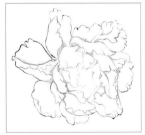
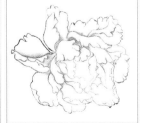
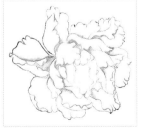
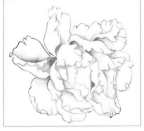
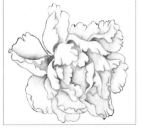

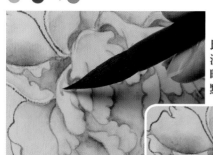

反瓣的顏色比正瓣的顏色稍淡一些，在調色時可適當多加一點清水。

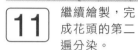
11 繼續繪製，完成花頭的第二遍分染。

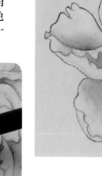

12 選用一支中號羊毫筆，用清水（較少）和曙紅調和，對花頭的暗部區域進行第三遍分染。

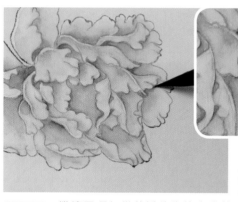

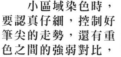

小區域染色時，要認真仔細，控制好筆尖的走勢，還有重色之間的強弱對比，及色彩明暗的層次。

13 繼續用曙紅從花瓣的銜接處沿著墨線向外分染。

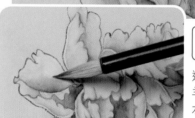

14 選用一支中號羊毫筆，用清水（較多）與白粉調和，中鋒運筆，對花瓣亮部進行提染。

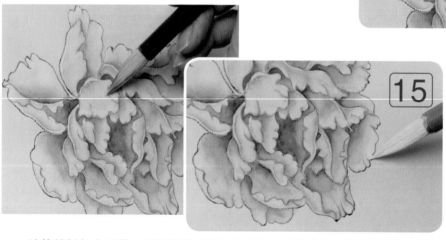

15

以某種顏色小面積、局部提亮或者加深畫面，稱為提染。提染的目的是提高亮部和暗部的對比，使整個花頭更見精神。

知識拓展

工筆畫，也稱「細筆」，與「寫意」相對，為國畫技法名，屬於工整細緻的一種密體的畫法。用細緻的筆法繪製。工筆畫著重線條美，一絲不苟，這是工筆畫的特色。工筆畫又分為工筆白描和工筆重彩兩類。工筆白描就是完全用墨的線條描繪對象，不塗顏色；工筆重彩就是指工整細密和敷設重色的國畫。

繪畫步驟：分染 2　　　　　　　　　　　　繪畫步驟：提染

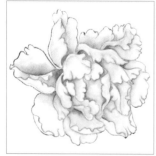　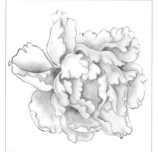　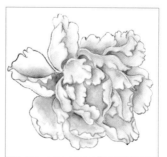　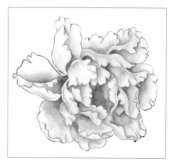

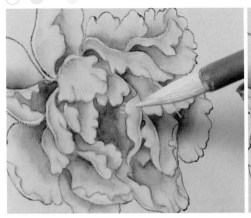
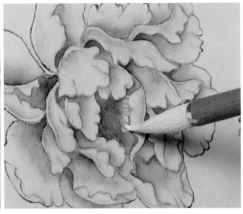

用小筆飽含顏料，中鋒慢慢地點出花藥，每一筆都要非常飽滿，調色的過程中可以不用水，直接就是色彩之間互相調和，否則濃度不夠花藥就沒精神了。

點蕊的原則是淺色花配深色蕊，深色花配淺色蕊，其目的在於造成色彩的明度反差，達到點睛的作用。

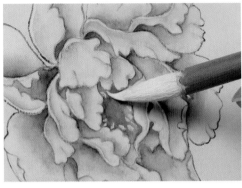
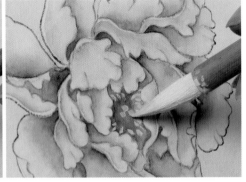

16 選用一支小號羊毫筆，調和白粉和藤黃，蘸滿筆尖，中鋒運筆，點畫花蕊。

勾畫蕊絲時要掌握好筆頭中的顏色含量與濃淡，蕊絲盡量纖細，切勿出現互相滲染的情況。

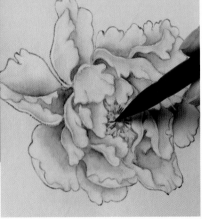

17 選一支小號羊毫筆，以少許清水和硃磦調和，中鋒運筆，勾畫蕊絲。

知識拓展

初學者首先要懂執筆姿勢。只有姿勢正確，再勤加練習才能達到運筆用墨自如，應注意以下幾點。

1 筆正：筆正則鋒正，以中鋒用筆為本。

2 指實：手指執筆不僅要牢實有力，還要靈活，不要執死。

3 掌虛：手指執筆，不緊握，指頭要離開手掌，掌心是空的，以便運筆迴環自如。

4 懸腕、懸肘：大面積運筆要懸腕、懸肘，這樣才可以筆隨心，力冠全局。

繪畫步驟：畫花蕊

攝影參考圖

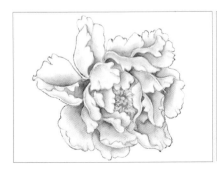
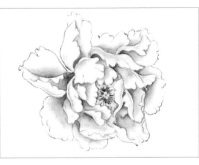
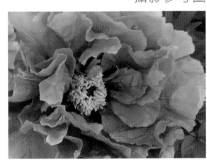

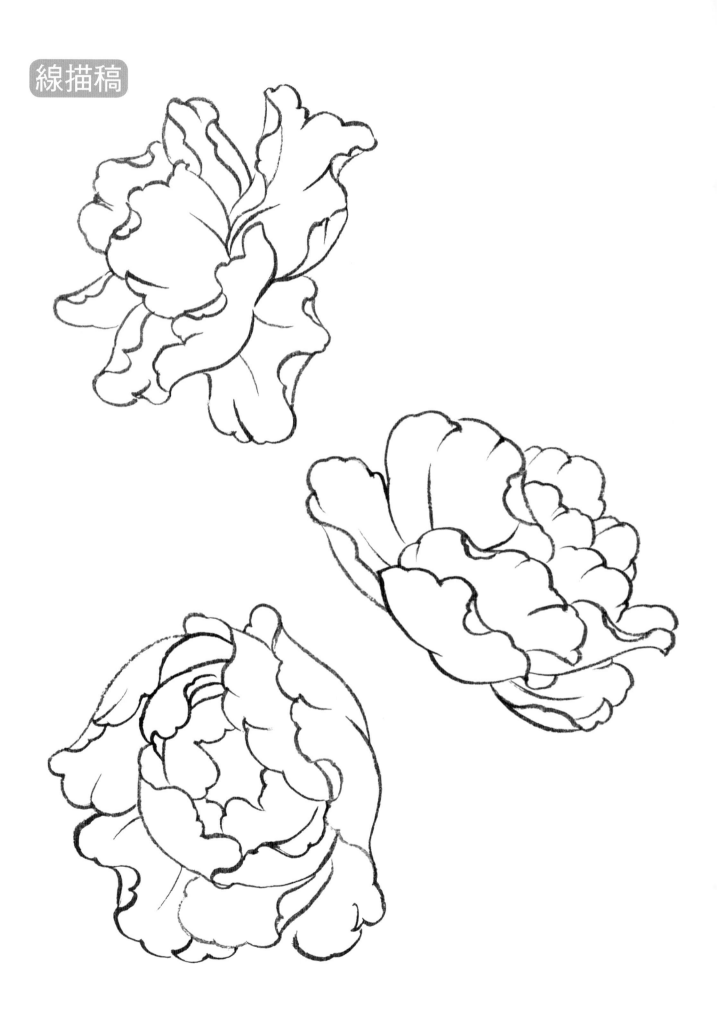

4.4 紫色花頭

　　牡丹的造型要注意「球、碗、碟」這三個要點。一朵剛剛盛開的牡丹，中間靠近花房的花瓣是捲曲的，呈球狀；到了接近外層的地方，因為花瓣逐漸綻開，這一圈就好像一個碗一樣呈半傾斜的狀態；最外層的花瓣，則因為花瓣水分較少已無力支撐，所以通常都會呈平躺一樣的「碟」狀。

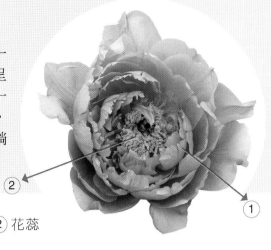

① 花瓣　② 花蕊

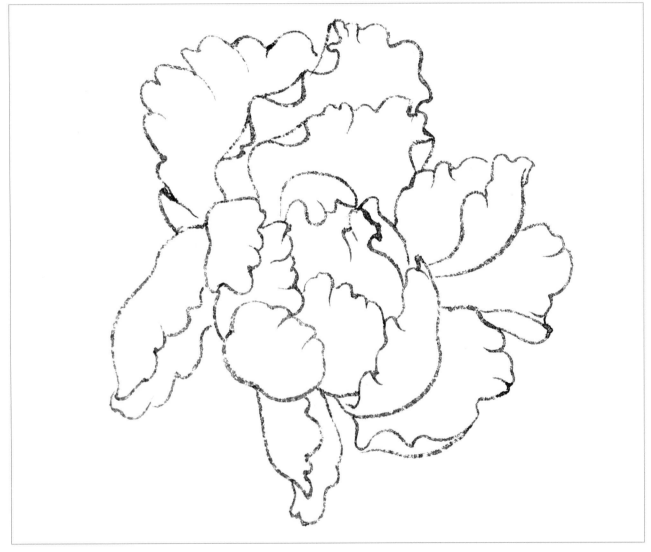

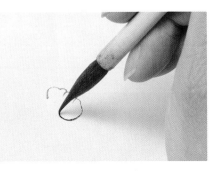

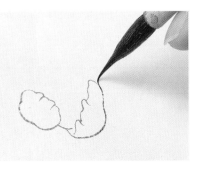

1 用小號狼毫筆，將少量的清水調和墨汁，蘸滿筆尖，中鋒運筆，從花心處開始勾畫花瓣。

43

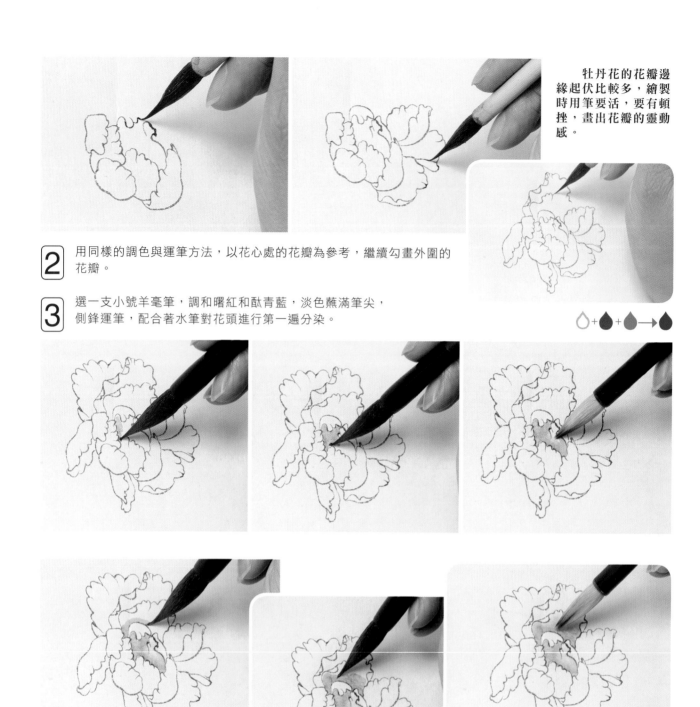

牡丹花的花瓣邊緣起伏比較多，繪製時用筆要活，要有頓挫，畫出花瓣的靈動感。

2 用同樣的調色與運筆方法，以花心處的花瓣為參考，繼續勾畫外圍的花瓣。

3 選一支小號羊毫筆，調和曙紅和酞青藍，淡色蘸滿筆尖，側鋒運筆，配合著水筆對花頭進行第一遍分染。

4 以同樣的調色與暈染方法，由花心向外繼續進行分染。

第一遍分染時，色彩要淡，不能急於求成而用重色。

繪畫步驟：勾墨線

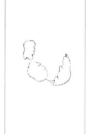 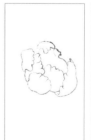 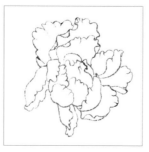

繪畫步驟：分染1

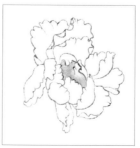 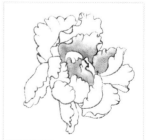

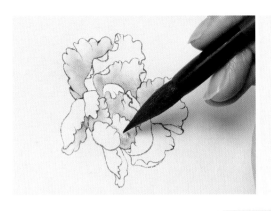
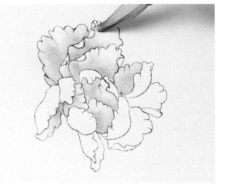

5 繼續對花瓣進行分染，完成正面花瓣的分染。

染的時候顏色要均勻，著水筆和著色筆上的水分要適中，不可有太多水分，否則會使畫面變髒。

6 選用小號羊毫筆，以同樣的調色方法，對花瓣的反面進行渲染，顏色要稍淡。

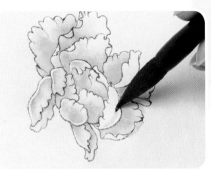
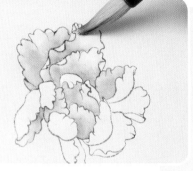
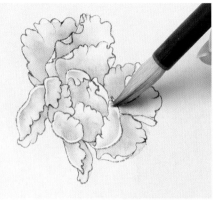

花瓣的反面相對於正面顏色稍淡，在分染時要在花瓣下方留出水線。

7 以同樣的調色（稍重）與運筆方法，對花頭進行第二遍分染。

8 繼續分染其他花瓣，完成花頭的第二遍分染。

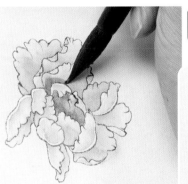
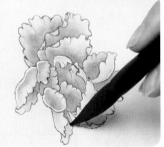
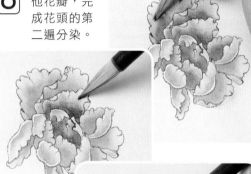

知識拓展

　　工筆淡彩法：著染基本上選用植物顏料，如花青、藤黃、洋紅、胭脂等，不用石青、石綠、硃砂等礦物質顏料（但在實際創作中也有局部使用的情況）。它的基本特徵是色調秀麗淡雅，清新明朗，比較強調線條本身的藝術魅力，給人以「清水出芙蓉，天然去雕琢」的藝術品味。

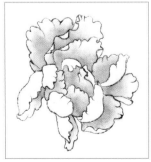
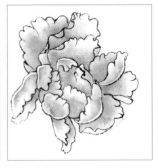

繪畫步驟：分染 2

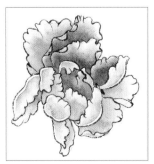
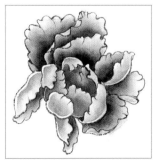

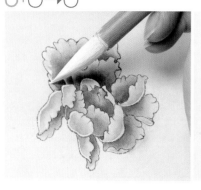
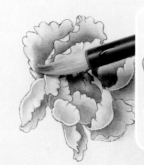
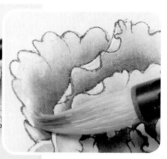

提染要等底色全乾之後進行，顏色要稍微濃一些，盡量一遍達到需要的效果。

9 用小號羊毫筆，將清水（少）與白粉調和，側鋒運筆，並與著水筆相互配合，對花瓣亮部進行提染。

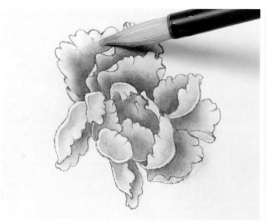
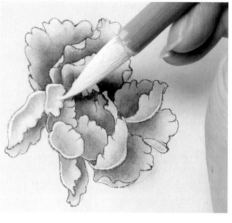

10 以同樣的調色與暈染方法，繼續對花頭進行提染。

花瓣的前後空間關係不同，所以在提染時，白粉的濃淡也不相同。前面花瓣較亮，後面稍淡。

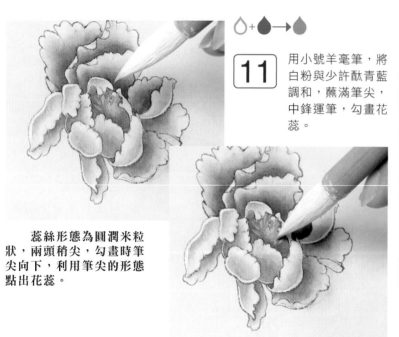

○+● → ●

11 用小號羊毫筆，將白粉與少許酞青藍調和，蘸滿筆尖，中鋒運筆，勾畫花蕊。

蕊絲形態為圓潤米粒狀，兩頭稍尖，勾畫時筆尖向下，利用筆尖的形態點出花蕊。

知識拓展

點染法：點染法（左圖）實際上是工筆渲染法與沒骨法的結合。此種方法用筆變化豐富靈活，既能達到工筆的細膩效果，又能克服反覆加染易刻板的毛病。此方法具有筆法豐富、色彩自然的優點，用於表現水邊植物較好。

勾勒法：這是從寫生提煉得來的線條，用清墨勾出形象的輪廓，然後著色，畫完後再用重色或用重墨線重複原有輪廓。這線不單是代表輪廓，還要表達出花葉翎毛等質感，使得形象更加生動明快。唐、五代和宋代多用這種技法，後來的民間畫家仍用這種方法。

繪畫步驟：提染

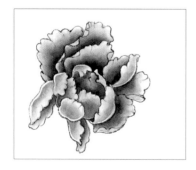
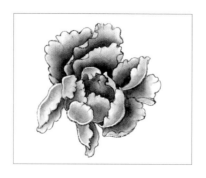

繪畫步驟：點花蕊

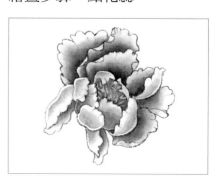

4.5 黃色花頭

　　一個花頭包含兩個部分，即花瓣和花蕊。黃色牡丹花頭，因顏色較淡，在勾完墨線後不需要重色打底，可直接用藤黃調和赭石分染固有色。因為花色較淡，所以盡量以單色多次暈染，直到自己滿意為止。切不可急於求成，用過濃的色調，一旦色調過重，就很難調整了。

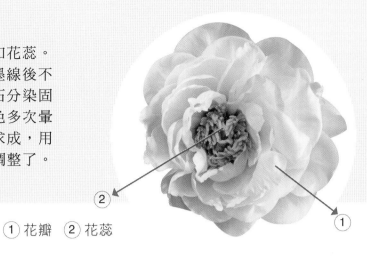

① 花瓣　② 花蕊

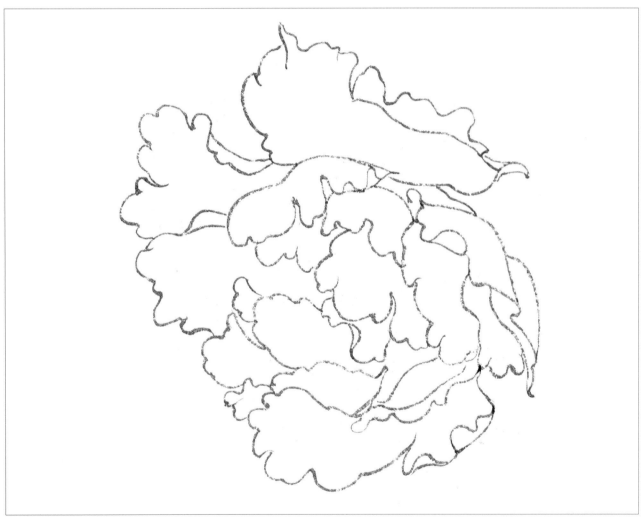

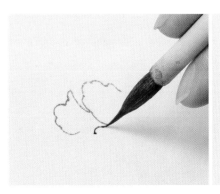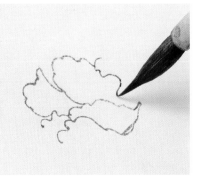

1 選用一支小號狼毫筆，用少量的清水調和墨汁，蘸滿筆尖，中鋒運筆，從花心處開始勾畫花瓣。

2 以同樣的調色與運筆方法，從左向右繼續勾畫花瓣。

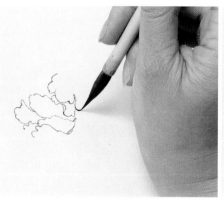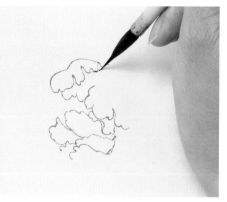

勾畫花瓣時，造型上得注意疏密變化和花瓣邊緣的方圓變化，造型上不要存在局部過於雷同化、概念化等。

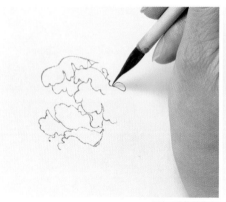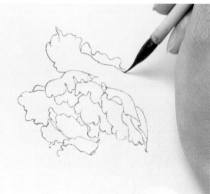

3 繼續勾畫，完成花頭墨線的全部繪製。

任何一根線，都由起筆、行筆和收筆這三個部分組成，正確掌握和運用這三個動作是線條成敗的關鍵。

要使線條流暢，首先要做到呼吸均勻，千萬不要憋著一口氣，尤其是畫長線，更要氣息流暢，這樣就會克服緊張情緒，可有效地減輕停頓和顫抖等現象。要避免出現粗細不均，線型不統一以及「側鋒」等現象，必須「中鋒運筆」，只有這樣線條才能如「春蠶吐絲」般地勁健連綿。

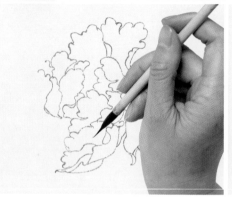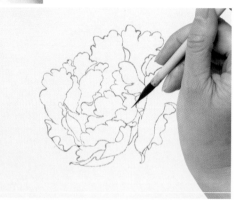

知識拓展

白描法：白描法是工筆畫手法的一種。純粹以墨線塑造對象，自然對線條的要求十分嚴格，其筆法自古有十八法。花鳥畫白描要求線條遒勁生動、墨色明潔滋潤。在造型上要求結構嚴謹，對線條的疏密、畫面空白也要十分精意。

白描烘暈法：白描烘暈法一般用於白色花朵與淺色調畫面。在白描的基礎上，用花青、赭石或淡墨在物像周圍烘暈。注意這種暈法從濃到淡要逐漸變化，要掌握水分，不要留下水漬與筆觸，有烘雲托月之感。

繪畫步驟：勾墨線

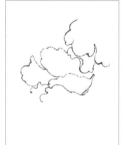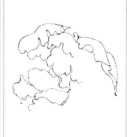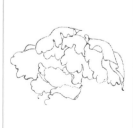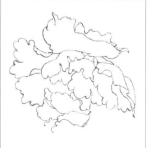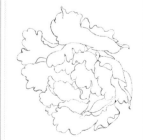

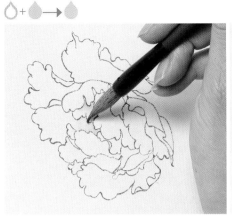
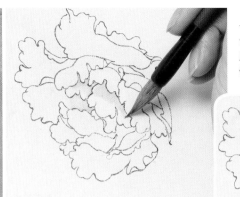

分染時顏色要淡，第一遍只表現出花瓣大致的色彩變化即可，不需要考慮花瓣的結構，瓣尖的傴仰細節等變化。

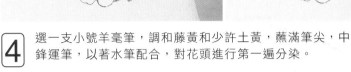

④ 選一支小號羊毫筆，調和藤黃和少許土黃，蘸滿筆尖，中鋒運筆，以著水筆配合，對花頭進行第一遍分染。

⑤ 以同樣的調色與運筆方法，繼續對花頭進行分染，完成第一遍分染。

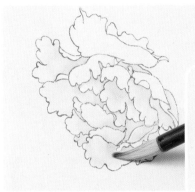

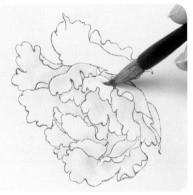

著水筆的運用在分染這一環節至關重要，筆肚含水要適量，一般潤兩筆就要洗筆，否則顏色會混濁。

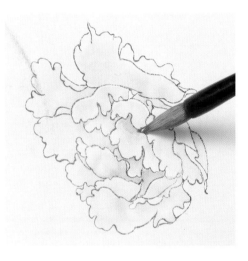

⑥ 選用小號羊毫筆，以同樣的調色與運筆方法，對花頭進行第二遍分染。

⑦
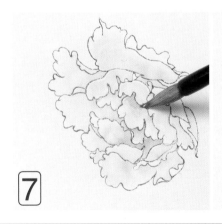
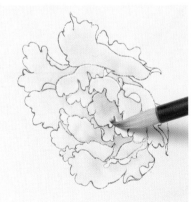
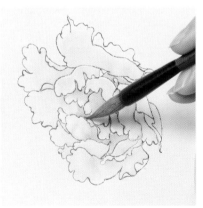

繪畫步驟：分染 1

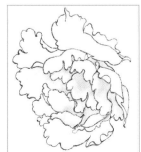
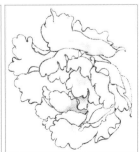
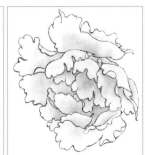
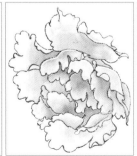
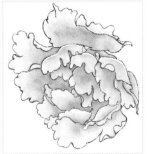

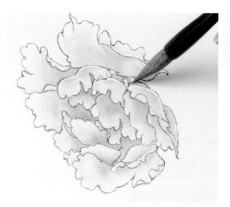
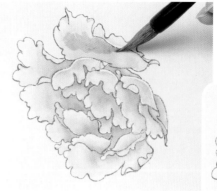
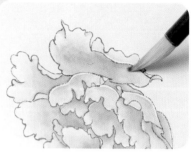

統染的作用是統一整個花頭花瓣之間的色調，使整體協調為一體。

⑧ 選一支小號狼毫筆，調和藤黃和土黃，蘸滿筆尖，中鋒運筆，以著水筆配合暈染，對花頭進行統染。

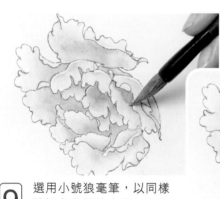
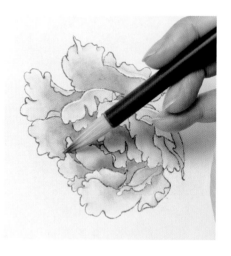

在深入刻畫時，要特別注意其細節的表現，如花瓣的翻捲、疊壓。

⑨ 選用小號狼毫筆，以同樣的調色與暈染方法，對花頭進行第二遍統染。

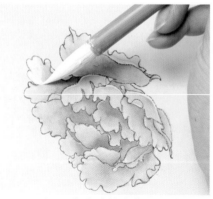
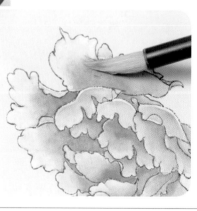

畫到這一步，整個畫面沒有亮部，整體顯得比較灰，這就是透過提染要解決的問題。

⑩ 選一支小號羊毫筆，用清水（少）與白粉調和，以著水筆配合暈染，對花瓣亮部進行提染。

繪畫步驟：分染 2

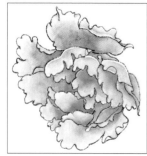
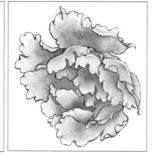

繪畫步驟：提染

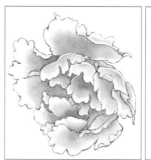
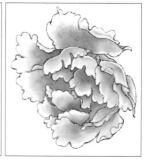

50

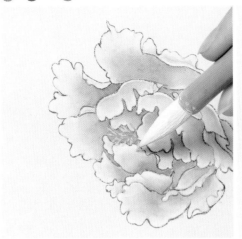
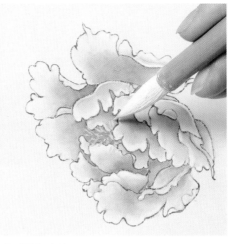

11 選一支小號羊毫筆，調和白粉和酞青藍（少），蘸滿筆尖，中鋒勾畫花蕊。

　　點畫花蕊時，兩種顏色調和不需要加水，以濃粉進行點畫；花蕊的朝向要活潑，忌直線排列。

知識拓展

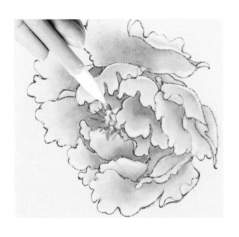

12 選用小號羊毫筆，調和白粉和酞青藍（稍多），蘸滿筆尖繼續勾畫花蕊，完成花蕊勾畫。

　　點花蕊重色時，根據花蕊底色的朝向進行點畫，不能出現交叉，可以適當地錯位。

筆法

　　工筆畫用筆著眼於表現形態，其次才考慮線條自身的獨立欣賞價值。但在用筆時巧妙地運用毛筆的彈性與腕力，及運筆的速度、節奏變化，同樣可塑造出有藝術品味的「物質」對象。從形態看，工筆筆法有著它自己獨特的規範和完整的審美趣味，而不同於書法線條和水墨畫用筆。不能一概以書法的韻味節奏以及寫意水墨畫那淋漓灑脫來要求。它是在工筆特定的形式體系要求下顧及形象及精美性的同時，體驗國畫線條所特有的藝術性。這些筆法線條的形態有柔軟的和秀逸的，也有剛勁挺拔的，其曲折頓挫更有繚繞婉轉之趣。如果對工筆花鳥畫進一步研究，就會發現在嚴謹精美的造型中，栩栩如生近乎逼真的形象裡，可以見到畫家運筆的輕重緩急、偏正曲直，可以見到靈活多變的筆觸，時而中鋒、側鋒，時而間有濕筆、枯筆，還有把毛筆弄成特別的形態表達特定的質地。在這些工筆花鳥畫中，點、勾、皴、斫、擦得到充分的發揮。可以這麼說，離開這豐富多變的筆法，就無法表現大千世界千姿百態的形象，也就失去了國畫繪畫藝術中最有代表性的一部分。

　　用筆一般指用筆的方法，包括用筆的筆力和運筆的速度及筆鋒的轉折變化。常有提按、順逆、轉折、正側等。

　　中鋒用筆：指運筆時筆鋒運行於墨跡的中央，順勢運行所產生的筆跡。這類用筆一般墨線兩邊光潔，有渾厚挺健的效果。

　　側鋒用筆：指筆桿微微偏行，使筆鋒偏一側，這樣能使筆跡產生一邊光潔、一邊變化的筆觸。

　　順勢用筆：筆桿微向前傾斜，使筆鋒由腕肩順勢運行，筆跡均勻，線條比較自然。

　　逆鋒用筆：指毛筆不是按筆的順勢行走，而是朝著相反的方向發展，謂逆水行舟，這樣筆鋒會受到紙的阻力，使筆鋒產生微弱的跳動。此類用筆一般緩行，能產生厚重、古拙之態。

繪畫步驟：點花蕊

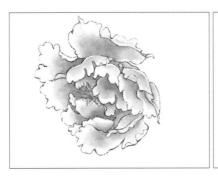
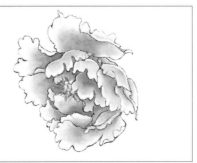

4.6 藍色花頭

藍色花頭的著色方法有所不同，因為花頭整體色調比較重，在染色時，先用淡墨對花頭進行罩染，確定好花頭的底調，接著以酞青藍調墨色，對花頭進行多遍分染，最後以白粉提染，完成繪製。

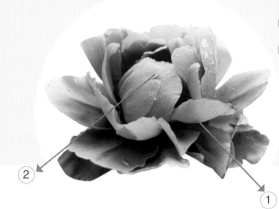

① 花瓣
② 花心位置

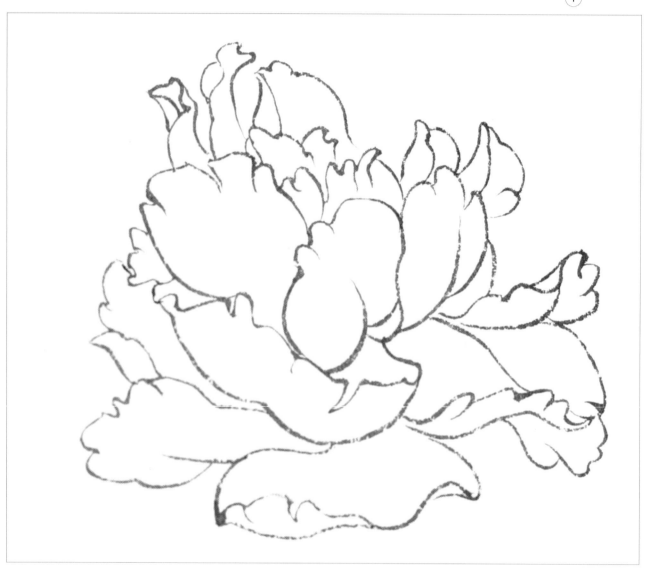

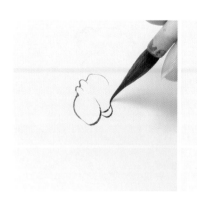

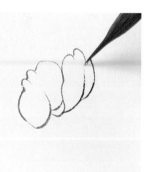

1. 選用一支小號勾線筆，用少量的清水調和墨汁，蘸滿筆尖，中鋒運筆，從花心處開始勾畫花瓣。

　　勾畫墨線時，由下部起筆，重按而輕起，上部線條纖細，表現出花瓣的輕柔，而下部顏色稍重，使整個畫面顯得穩重。

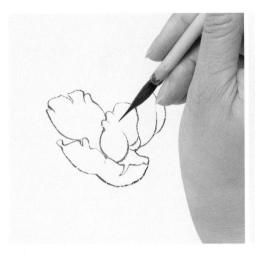 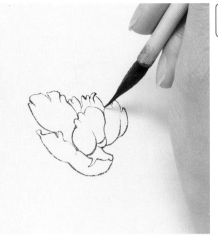

2 選用小號勾線筆，以同樣的調色與運筆方法，繼續勾畫花頭。

國畫在造型上講究「意象」，並不追求對象的真實性，在勾畫時可以適當地加入主觀的審美，表達出自己眼中牡丹獨特的美。

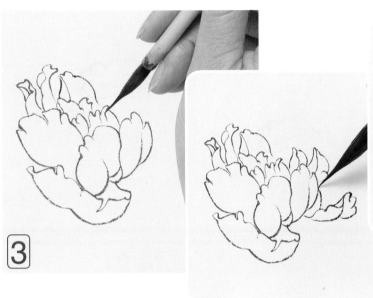 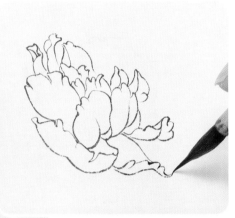

3

注意瓣尖細節的表現，透過線條的錯落，畫出花瓣的俯仰等細節形態。

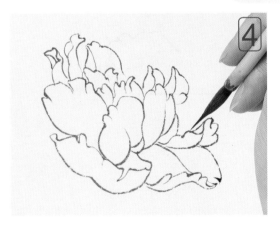

4

知識拓展

起筆——起筆要頓。

所謂「頓」就是筆鋒著紙後輕輕地上下抖動幾下，其目的是將外露於線條之外的筆鋒調整到線條之中，使之「藏鋒」。書法起筆時要求「欲右先左」，即如果筆畫是從左往右寫的話，起筆時要求筆先從右往左寫，接著再回過來從左往右，這樣做的目的就是讓筆鋒藏於線條之中。

繪畫步驟：勾墨線

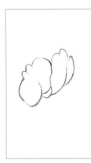 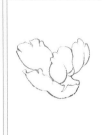 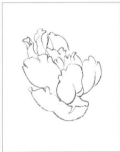 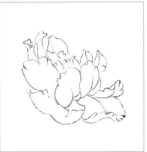 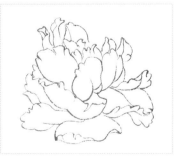

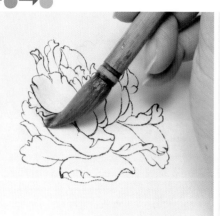
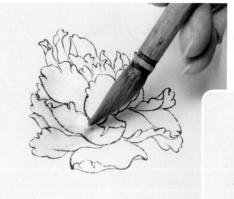
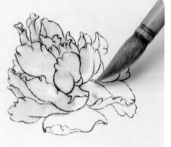

花頭的顏色不同，繪製的過程也會略有不同。藍色牡丹色彩較重，在分染前，需透過多次平塗，降低花頭的亮度。

5 選用一支小號羊毫筆，用淡墨（少）調和酞青藍，蘸滿筆肚，側鋒運筆，對花頭進行平塗。

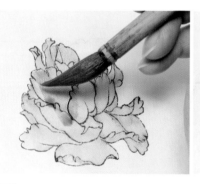
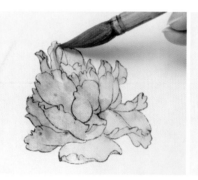
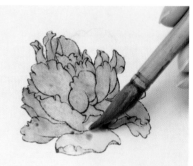

6 選用小號羊毫筆，清水（多）調和酞青藍，蘸滿筆肚，側鋒運筆，對花頭進行第二遍平塗。

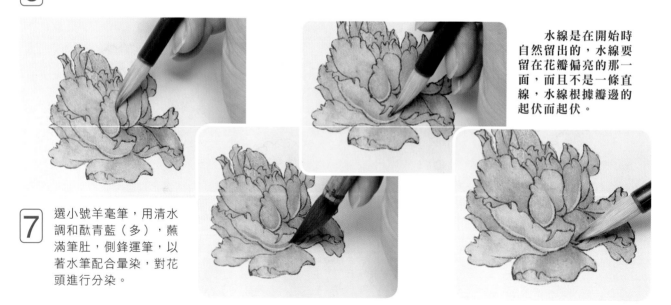

水線是在開始時自然留出的，水線要留在花瓣偏亮的那一面，而且不是一條直線，水線根據瓣邊的起伏而起伏。

7 選小號羊毫筆，用清水調和酞青藍（多），蘸滿筆肚，側鋒運筆，以著水筆配合暈染，對花頭進行分染。

繪畫步驟：分染 1

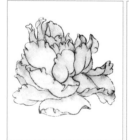
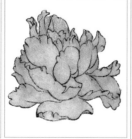
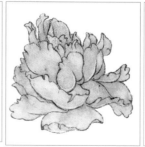
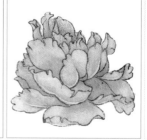
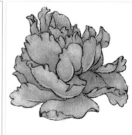

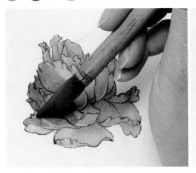 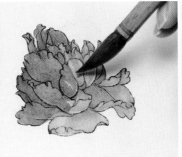 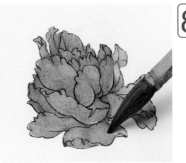

8 選用一支小號羊毫筆,用少量的清水調和酞青藍,蘸滿筆肚,側鋒運筆,對花瓣進行平塗。

分染第二遍時,顏色要適當地加重,從花頭的根部向瓣尖逐漸潤化。

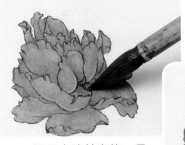

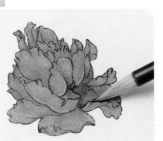

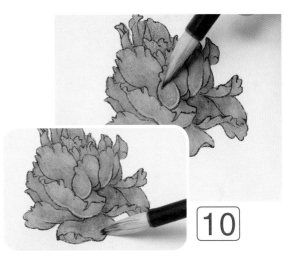

9 選用小號羊毫筆,用清水調和酞青藍(較多),對花頭進行第二遍分染。

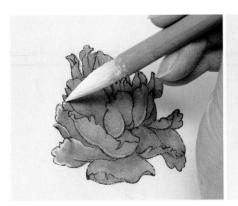 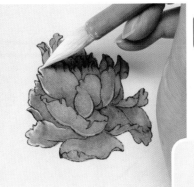

11 選用一支小號羊毫筆,用少量清水調和白粉,蘸滿筆尖,中鋒運筆,以著水筆輔助暈染,對花頭進行提染。

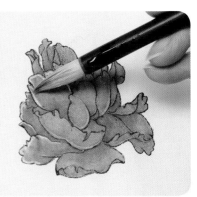

知識拓展

工筆重彩法:工筆重彩法主要是以色彩為表現手段。它在墨線勾好的基礎上,運用「三礬九染」的渲染方法,以多種顏料多層次積染而產生渾厚華滋的畫面效果。它的藝術特色是華麗典雅,有富麗堂皇的效果。

繪畫步驟:分染 2

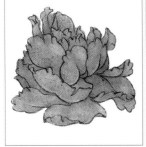 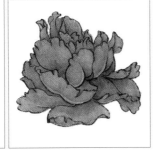

繪畫步驟:提染

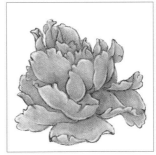 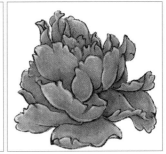

4.7 紅色花頭

由於花頭品種多樣，同一種顏色的牡丹會有不同深淺的色調，這一章節講的是深紅色牡丹。牡丹的花瓣由根部向先端逐漸變淡，整體顏色比較濃重，在分染時，先以曙紅調和淡墨暈染出明暗關係，再以硃磦調淡墨進行多遍罩染，降低色調，最後以大紅提染亮部，完成繪製。

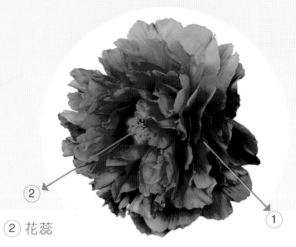

① 花瓣 ② 花蕊

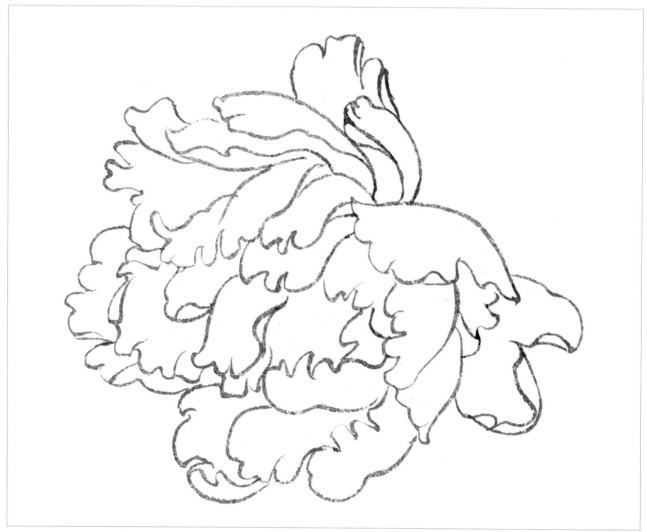

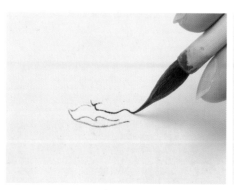
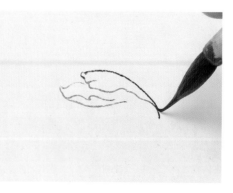

1 用小號勾線筆，以少量的清水調和墨汁，蘸滿筆尖，中鋒運筆，從花心處開始勾畫花瓣。

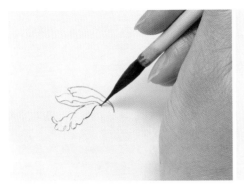
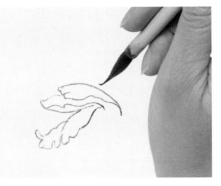

2 選用小號勾線筆，以同樣的調色與運筆方法，繼續勾畫花瓣。

運筆速度要慢，力量要均勻，把線條的力量與線條的變化結合起來。

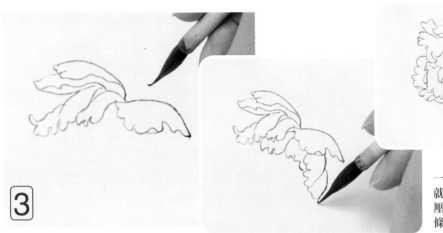

3

壓力與提力要保持一定的平衡。只提不按就「飄」「輕滑」；只壓不提就是「抹」。線條切忌忽輕忽重。

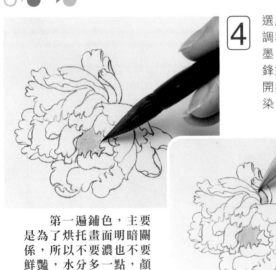

4 選用小號羊毫筆，調和曙紅和少許淡墨，蘸滿筆尖，中鋒運筆，從花心處開始對花頭進行分染。

第一遍鋪色，主要是為了烘托畫面明暗關係，所以不要濃也不要鮮豔，水分多一點，顏色淡淡的就可以了。

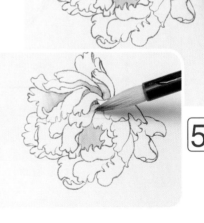

5 以同樣的調色與運筆方法，繼續分染花頭。

繪畫步驟：勾墨線

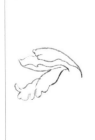
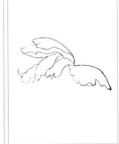
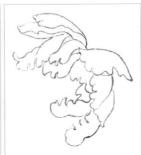
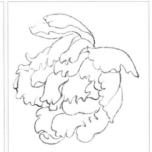
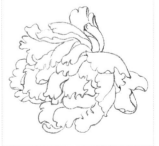

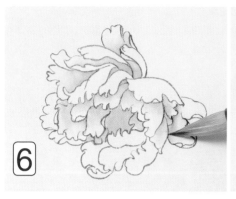
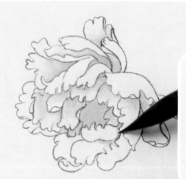
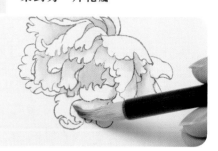

染色時要認真、仔細，一片花瓣上的顏色不要超出「界限」染到另一片花瓣。

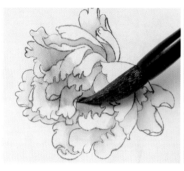
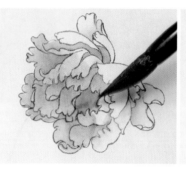
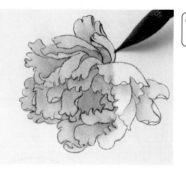

7 用小號羊毫筆，將淡墨與胭脂調和（淡），蘸滿筆肚，側鋒運筆，對花頭進行罩染。

紅色牡丹花頭，色調整體比較深，為了儘快把整體的亮度降低，可運用多次的重色罩染。

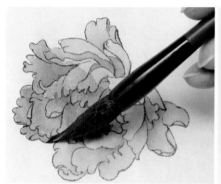
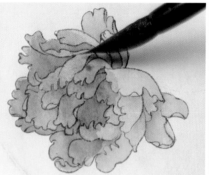
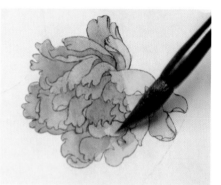

8 以同樣的調色與運筆方法，對花頭進行第二遍罩染。

9 選用一支小號羊毫筆，用清水（少）調和硃磦，蘸滿筆肚，再次對花頭進行平塗。

這一步是開始繪製花頭的固有色，用大筆重色罩染，使整個色調統一為一體。

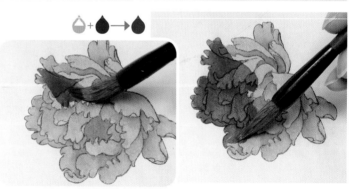

繪畫步驟：分染

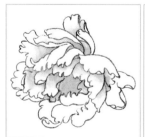
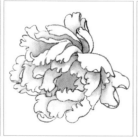
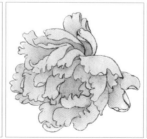
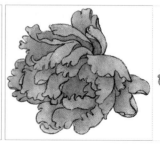
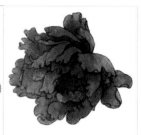

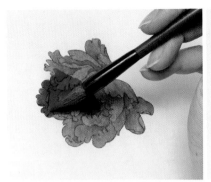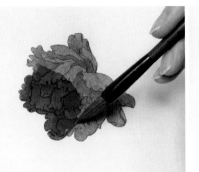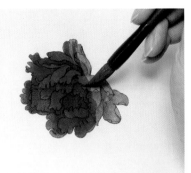

10 待顏色乾了之後，用同樣的調色與運筆方法，再次對花頭進行罩染，壓低整個花頭的色調。

底色打好之後，用重色從根部進行分染，為了加深色調，可適當加少許墨色。

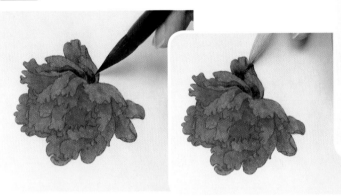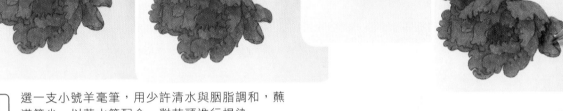

11 選一支小號羊毫筆，用少許清水與胭脂調和，蘸滿筆尖，以著水筆配合，對花頭進行提染。

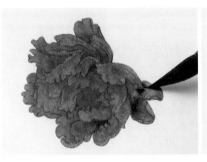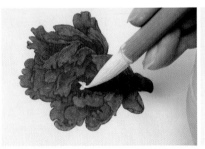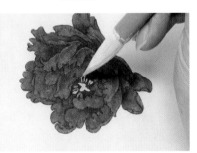

12 用同樣的調色與運筆方法，繼續對花頭進行提染。

13 選用小號羊毫筆，調和白粉和藤黃，蘸滿筆尖，中鋒運筆，點畫花蕊。

點花蕊的筆要吸滿顏色，一直吸至飽和到要滴下的模樣才可以開始點，即是「立粉」畫法。

繪畫步驟：罩染

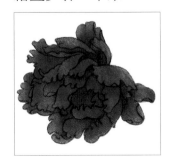

繪畫步驟：提染

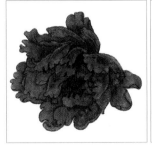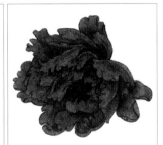

繪畫步驟：點花蕊

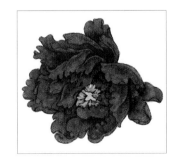

4.8 綠色花頭

　　綠色牡丹花頭的繪製要特別注意墨色的運用，運用不當會使畫面變灰顯髒。在統染花頭時，適當地調入些許淡墨，分染時盡量少用或不用。花蕊是根據花頭色調的明暗而進行點畫的。花頭調子亮麗，花蕊純度就高一些；花頭調子深重，花蕊的純度就適當降低一點。

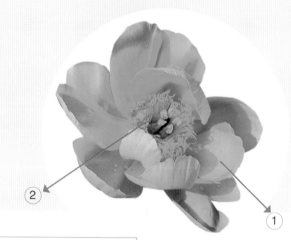

① 花瓣　② 花蕊

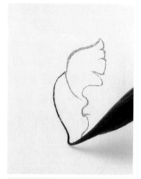

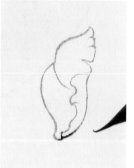

1 選用一支小號狼毫筆，用少量的清水調和墨汁，蘸滿筆尖，中鋒運筆，從左邊開始勾畫花瓣。

　　勾線主要有懸腕和腕部虛貼桌面兩種方式，不要固定地使用其中一種方式。要根據不同的線及不同的要求選擇勾線的方法。

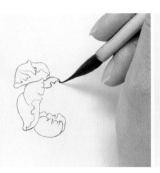
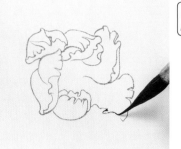

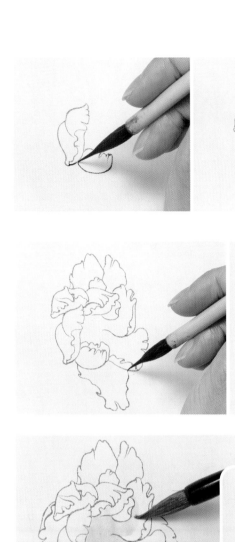

2 以同樣的調色與運筆方法，繼續勾畫花頭墨線。

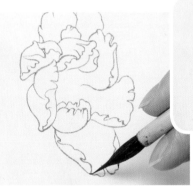
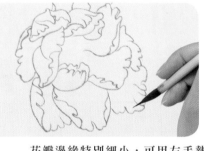

花瓣邊緣特別細小，可用左手墊在執筆的右手腕部下面，以增強拿筆的右手的穩定程度。

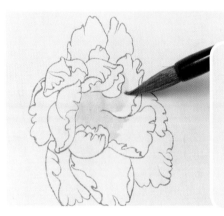
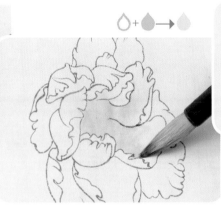
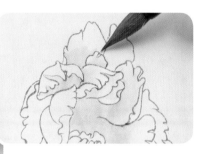

3 用小號狼毫筆，調和藤黃和少許汁綠，蘸滿筆尖，以水筆輔之，對花頭進行分染。

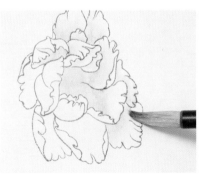
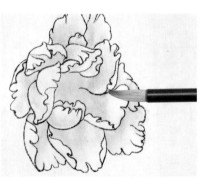

4 用小號狼毫筆，以同樣的調色與運筆方法繼續對花頭進行分染，完成花頭的第一遍分染。

薄色多層塗染，色彩不要一次太厚。著色筆水分含量要適當，每塗一塊地方記得最後要用筆尖帶走多餘的色彩，從側面看，紙上不要有積色的地方。

繪畫步驟：分染

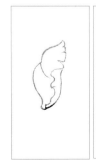
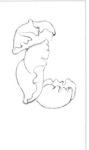
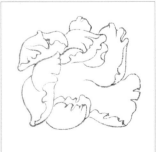
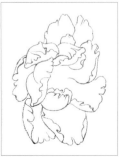
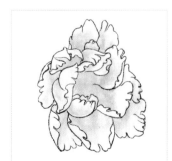

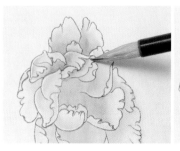 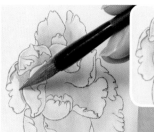 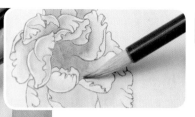

5 選用小號羊毫筆，調和藤黃和汁綠（稍多），蘸滿筆肚，以著水筆輔助，對花頭進行第二遍分染。

在染色的過程中需要注意花瓣之間的掩映關係，一般下層的比上層的顏色要深一些。

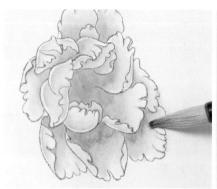 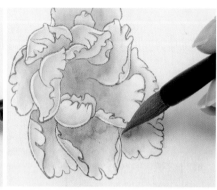 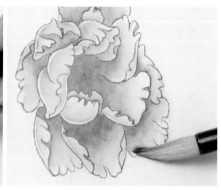

6 以同樣的調色與運筆方法，繼續對花頭進行分染，完成第二遍的分染。

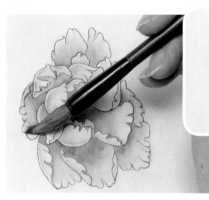 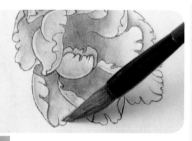 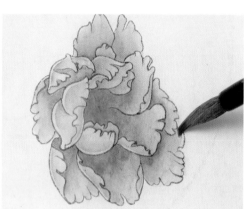

被蓋住部位的顏色一定要深一些才能襯托出上層花瓣。

7 選用小號羊毫筆，用清水（多）調和汁綠，蘸滿筆肚，側鋒運筆，對花頭進行第一遍罩染。

8 以同樣的調色方法，對花頭進行第二遍罩染。

工筆畫水平的高低，主要是看用水技巧。染色時著水筆水分不能過多，否則，色彩會被著水筆的水衝開，就不容易染勻了；水分過少，顏色又易乾澀。

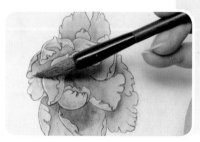 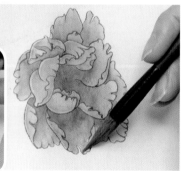

繪畫步驟：罩染

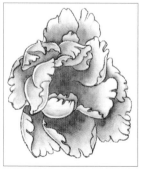 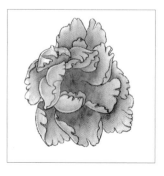 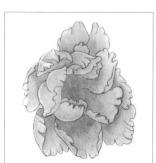

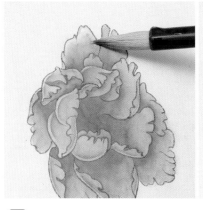
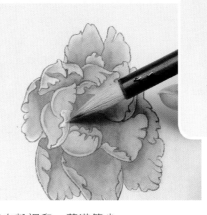
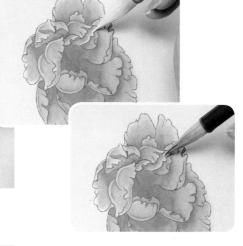

9 選一支小號羊毫筆，用清水與白粉調和，蘸滿筆尖，同樣以著水筆輔助，對花頭的亮部進行提染。

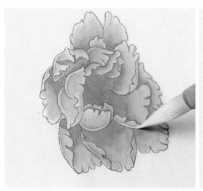
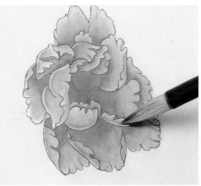

10 以同樣的調色與運筆方法，繼續對花頭進行提染。

用厚厚的白粉提出亮部，是為了增加立體感，同時也豐富了花頭的質感，實際上這種染法也是國畫中表達光感的技法之一。

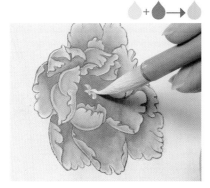

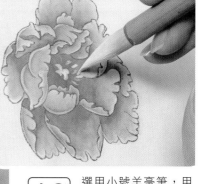

花蕊的方向和花頭的方向一致，花蕊的動勢根據整個花頭的動勢而點畫，使花蕊自然融入這一大環境中。

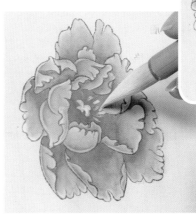

11 用小號羊毫筆，調和藤黃和少許汁綠（不添加清水），中鋒運筆，點畫雄蕊。

雄蕊的顏色要和花瓣的顏色形成亮度上的對比，但也不能太亮。

12 選用小號羊毫筆，用白粉和酞青藍（少）調和，蘸滿筆尖，中鋒點畫花蕊。

繪畫步驟：提染

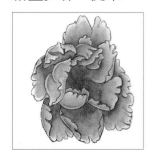

繪畫步驟：點花蕊

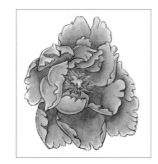

知識拓展

臨摹提要：

工筆花鳥畫臨摹主要掌握四個方面，即造型、筆法、敷色、章法。先要研讀原作意境情趣，分析原作所表現的內容與畫面意境所要求的造型語言、形態結構；進而研究筆墨技巧與敷色等塑造手法，以及場景的氣氛渲染。要強調畫面的整體布置，從整體虛實來考慮，把全幅章法與氣勢聯繫起來看。認識上要有「心讀」到筆臨這麼一個過程。

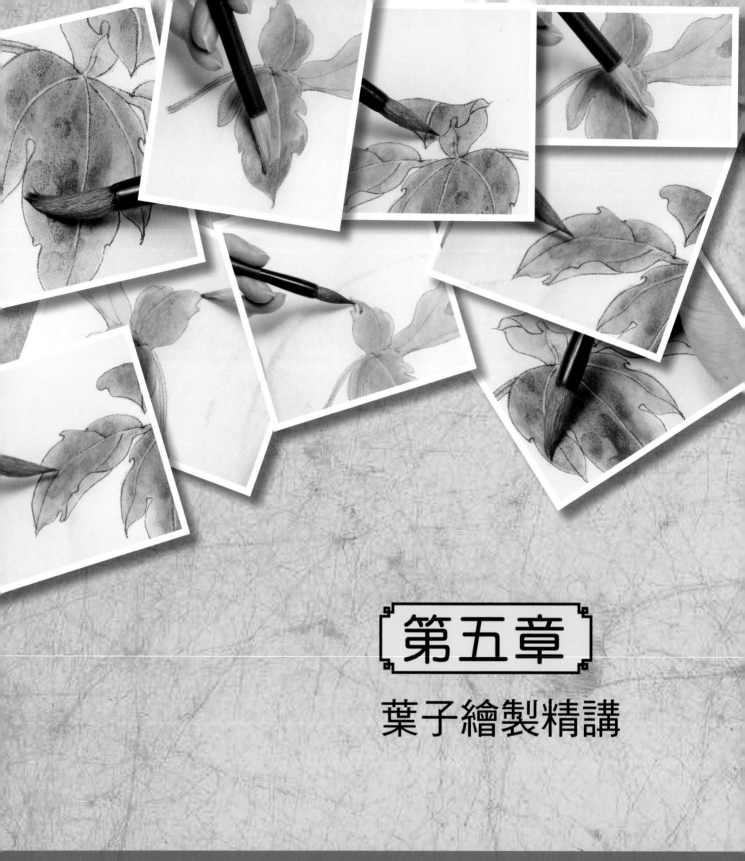

第五章

葉子繪製精講

嫩葉/老葉

5.1 嫩葉

初生的嫩葉，顏色一般比較淡，葉片正面呈黃綠色，葉尖與背面泛紅色。勾墨線時，用淡墨輕輕勾出輪廓；調色時通常用汁綠調和些許藤黃進行分染，墨色要慎用。

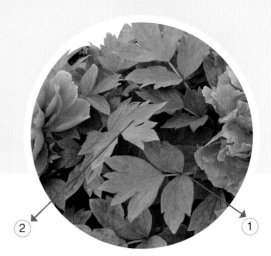

① 葉梗　② 葉子

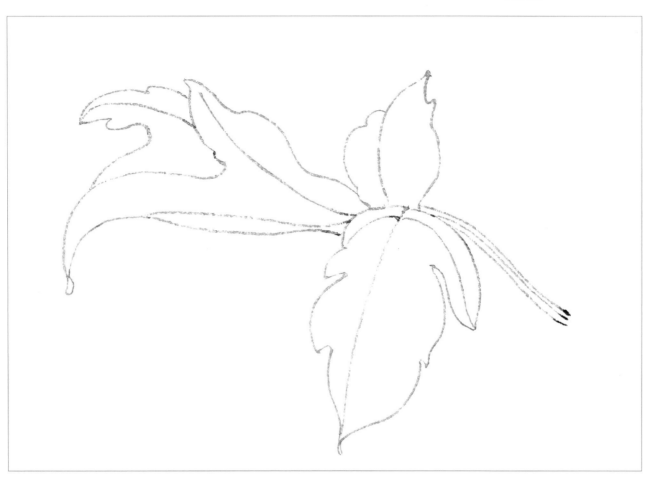

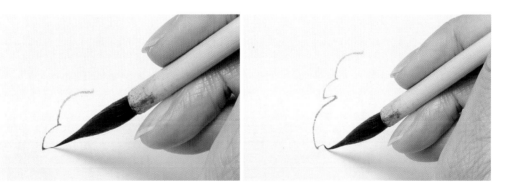

1 選用一支小號狼毫筆，用少量的清水調和墨汁，蘸滿筆尖，中鋒運筆，從葉尖開始勾畫墨線。

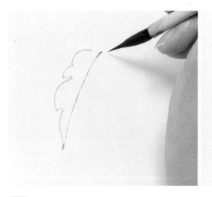 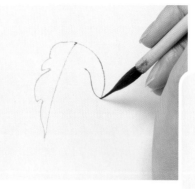

牡丹葉片是裂生型，邊緣有裂痕，在勾畫時要有轉折、起伏變化。裂痕不要千篇一律，要有大小、深淺之分。

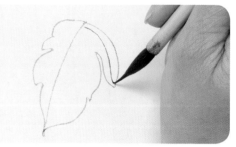

2 用同樣的調色與運筆方法，從左向右繼續勾畫葉片。

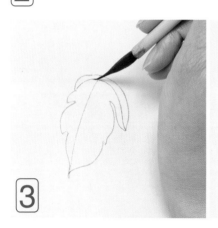 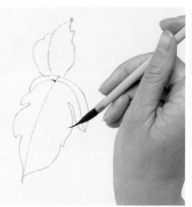 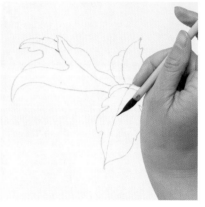

3

⬤+⬤➜⬤

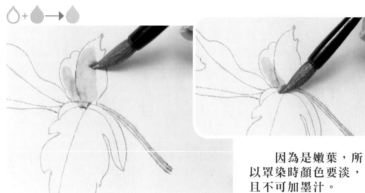

4 選用一支小號羊毫筆，用清水調和藤黃和汁綠（清水多），蘸滿筆肚，側鋒運筆，對葉片進行罩染。

因為是嫩葉，所以罩染時顏色要淡，且不可加墨汁。

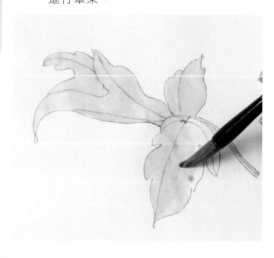

知識拓展

　　罩染：也稱統染，是統一色調、統一效果的一個步驟。一般情況下，把所需要的顏色調好（多為透明植物色），染時用筆要輕、要勻，染的次數不要過多，最忌反覆塗抹。例如染葉子，在分染花青底色的基礎上，罩染草綠色（以花青調藤黃）即可。

繪畫步驟：勾墨線

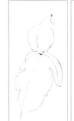 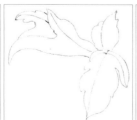 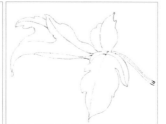

繪畫步驟：罩染

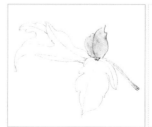 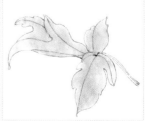

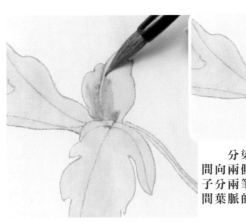

分染葉片時，由中間向兩側暈染，一片葉子分兩筆進行，留出中間葉脈的水線。

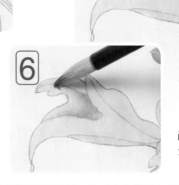

5 用小號羊毫筆，將清水調和藤黃和汁綠（多），蘸滿筆尖，以著水筆輔助暈染，對葉片進行第一遍分染。

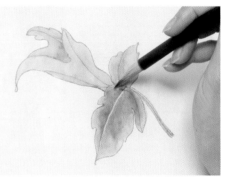

正面顏色較背面顏色重，分為兩個部分分別進行繪製。

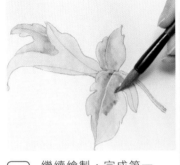
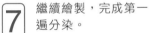
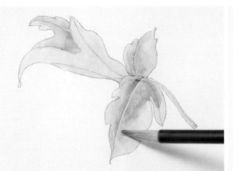

7 繼續繪製，完成第一遍分染。

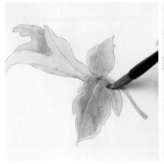
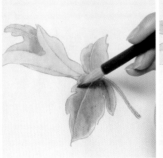
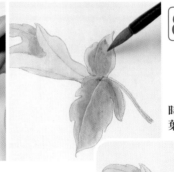

8 同樣的調色與運筆方法，待底色乾後，對葉片進行第二遍分染。

在第二遍分染葉片時，汁綠多加一點，使葉片層層加重。

知識拓展

墨：工筆畫的繪製中主要用有光澤的油煙墨。烏黑而無光澤的松煙墨染色易髒，慎用。市場上出售的各類瓶裝書畫用墨汁因攜帶和使用都比較方便，用來繪製工筆也挺不錯。

繪畫步驟：分染 1

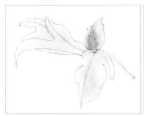
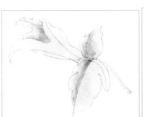
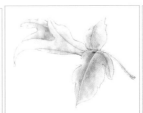
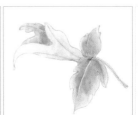
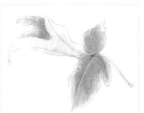

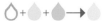

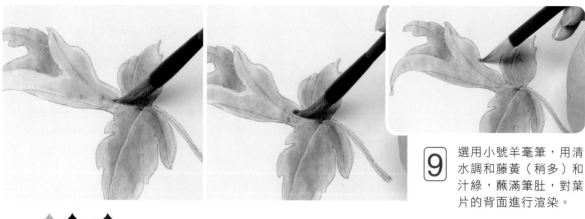

9 選用小號羊毫筆，用清水調和藤黃（稍多）和汁綠，蘸滿筆肚，對葉片的背面進行渲染。

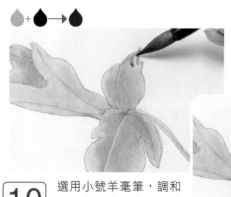

碰染時，從葉尖向根部進行潤化，葉尖顏色要和葉片色彩自然漸層。

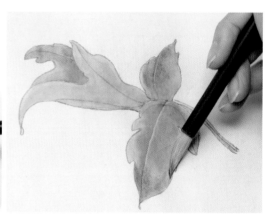

10 選用小號羊毫筆，調和淡墨和少許胭脂，蘸滿筆尖對葉尖進行碰染。

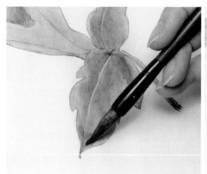

11 用同樣的調色與運筆方法，對葉尖進行第二遍碰染。

知識拓展

碰染：兩支筆分別蘸上不同的顏色，分別從不同的方向相對染，中間相碰時顏色在紙上自然混融（也可以用清水筆在中間接一下）。此種方法要一次即成，不能多次反覆，以免顏色不鮮。

第二遍碰染時，不要每一片葉子都進行描繪，要根據整個畫面的需要進行或濃或淡的繪製。

繪畫步驟：分染 2　　繪畫步驟：碰染

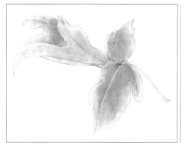 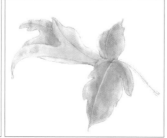 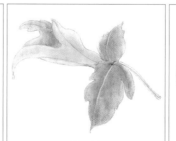 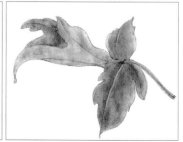

5.2 老葉

　　老葉與嫩葉相比，顏色較重，葉片正面呈深綠色，背面顏色較淡，略泛黃色。秋季葉片更顯蒼老，邊緣開始泛黃。勾墨線時，墨色可以適當加重，在著色時也要適當地調入些許墨汁。

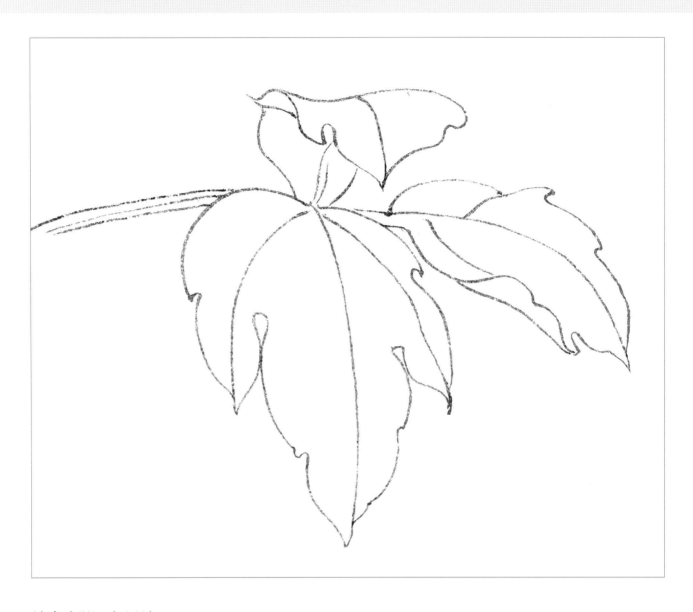

繪畫步驟：勾墨線

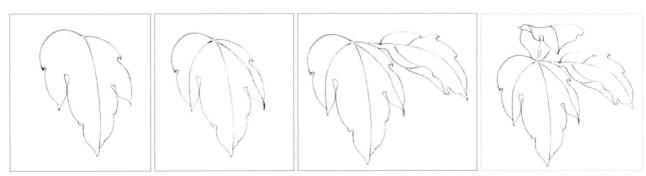

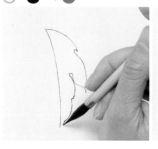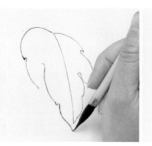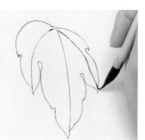

1 選用一支小號狼毫筆，用少量的清水調和墨汁，蘸滿筆尖，中鋒運筆，勾畫葉子墨線。

葉片該圓潤的地方線條要飽滿、柔和（裂片凹部）。

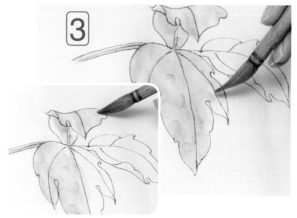

3

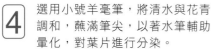

2 選用小號羊毫筆，用清水調和花青和淡墨，蘸滿筆肚，側鋒運筆，對葉片進行罩染。

4 選用小號羊毫筆，將清水與花青調和，蘸滿筆尖，以著水筆輔助量化，對葉片進行分染。

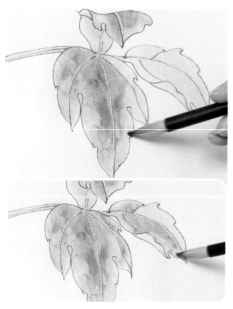

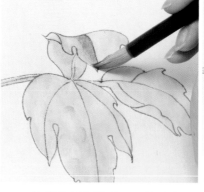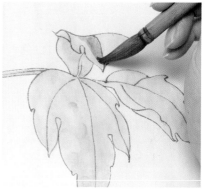

老葉的顏色較重，分染底部顏色時盡量少加或不加藤黃。

知識拓展

工筆畫中對顏色深淺的掌握實際上就是依靠對水分的控制，水分飽和，畫面就滋潤，經過多次薄色渲染，染出來的顏色就顯得厚重。但是，如果過度地用薄彩淡染，就會失去筆意，沒有潤澤之感。

繪畫步驟：罩染 1　　　　繪畫步驟：分染

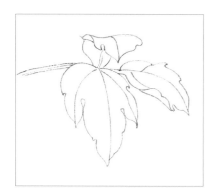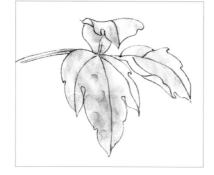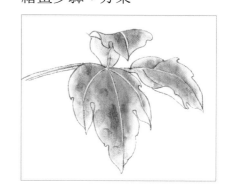

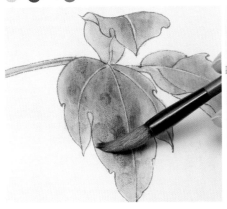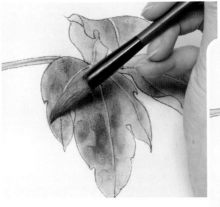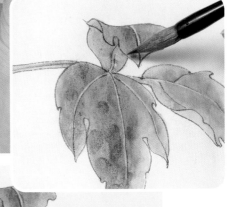

5 選用小號羊毫筆，調和淡墨和赭石，蘸滿筆尖，側鋒運筆，對葉片邊緣和背面進行統染。

知識拓展

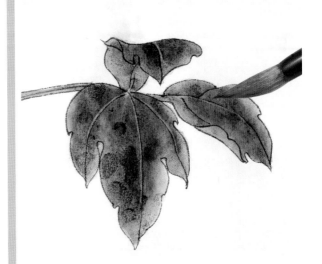

工筆花鳥畫的表現形式

　　工筆花鳥畫的表現形式多樣，風格手法各異，但歸納起來主要有白描、勾填色和沒骨三種。這幾種形式在唐宋時期就已基本定型，經過以後各歷史時期的發展，使形式技法更加豐富完美，但基本上仍保持著原來的面貌。20世紀以來，畫家們不斷地探索創新，已突破了傳統的形式。現代的工筆花鳥畫在傳統的基礎上吸收了各種畫種的長處以及外來繪畫的營養，正向著多元化的方向發展。

　　工筆花鳥以線為造型基礎，運用毛筆勾線，對線條有很嚴格的要求。白描勾線不是用細線沿著花或鳥的輪廓「描」，而是書法中講究的用筆去「寫」出形象。工筆白描不只是講究工細，更重要的是追求線條的力感和美感，所謂「工細兼力」，反對纖細柔弱的線條。勾線之初，先練習使用中鋒，避免側鋒。中鋒用筆飽滿而有彈性，線條圓潤渾厚，結實而有力感。花卉中的花瓣、葉片都是薄片狀，宜用中鋒勾勒。側鋒只有在皴擦樹石時才運用。開始練習勾線時，很容易出現側鋒，特別是在線條轉折的地方，因為毛筆是圓錐形，轉彎時必須提筆，並輕轉筆管扭轉方向，使筆鋒平行圓轉過來，才能保持中鋒。線條產生力感的關鍵在於筆鋒與紙面的摩擦。有的人勾線為了細，不敢用力，勾出的線浮滑在紙面上，不符合要求。勾線時要把筆按下去，使筆鋒對紙面有一個壓力，同時又要擎住毛筆，向上有一個提力，兩力平衡再用一個拖的力量行筆。只壓不提就是「抹」，容易出現側鋒敗筆；只提不壓就是「飄」，線條滑而無力。用線切忌「撩」、「挑」、「滑」。所以說，每勾一條線都應該有起筆、行筆、收筆三個動作。

6 以同樣的調色與運筆方法，對葉子再進行兩到三遍的分染與統染，完成效果如圖所示。

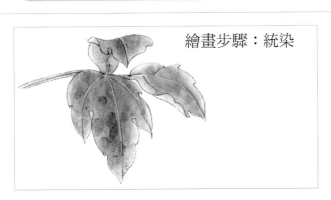

繪畫步驟：統染

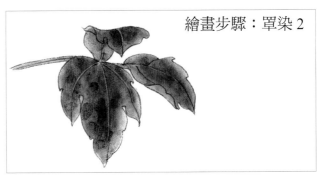

繪畫步驟：罩染 2

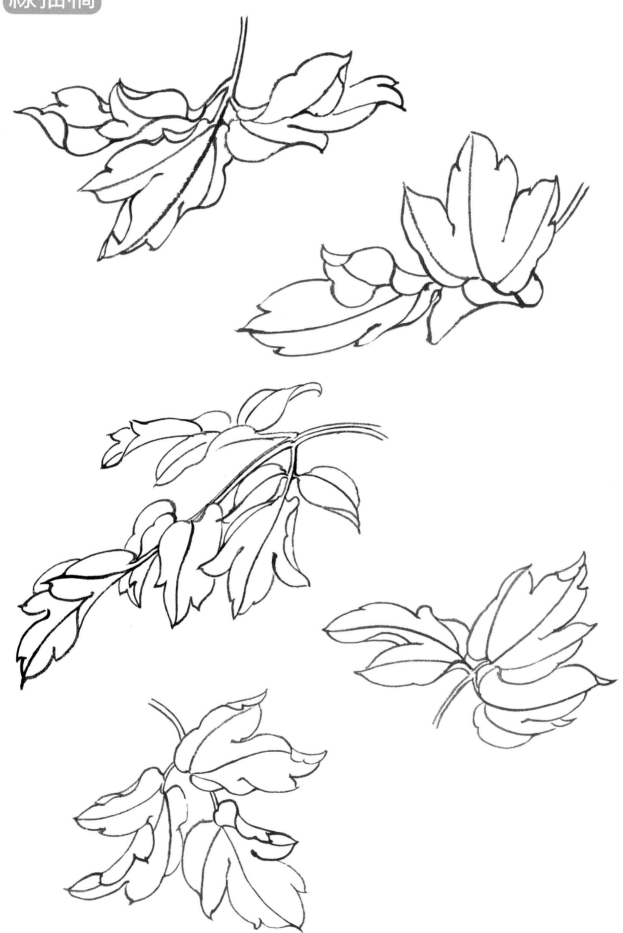

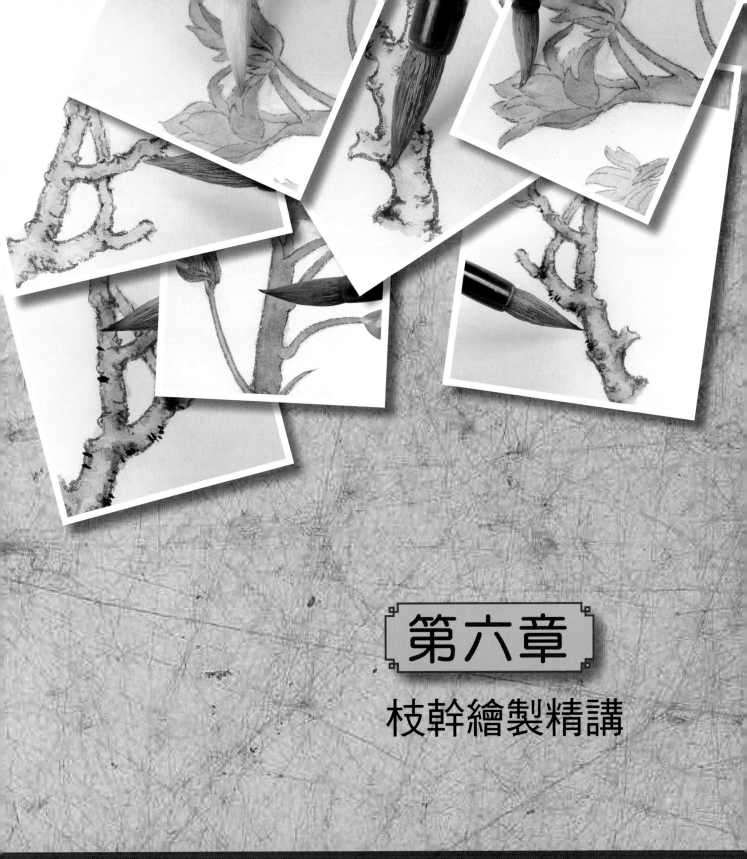

第六章

枝幹繪製精講

枝幹

牡丹枝幹為灌木，無主枝，常作分叉狀。百年老幹仍粗不過腕，高不過人。幹赭褐色，多是清瘦、蒼老、斑駁，往往幹下部已脫皮層，而近光滑。因此畫老幹宜用枯筆，用筆要偏鋒、中鋒結合，要實中有虛，線條不要太光，運筆宜稍慢而有轉動。

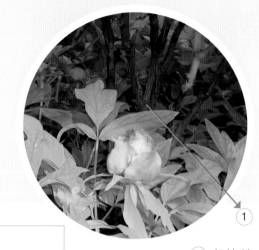

① 老枝幹

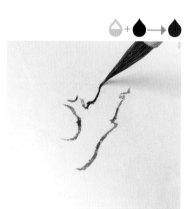

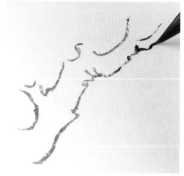

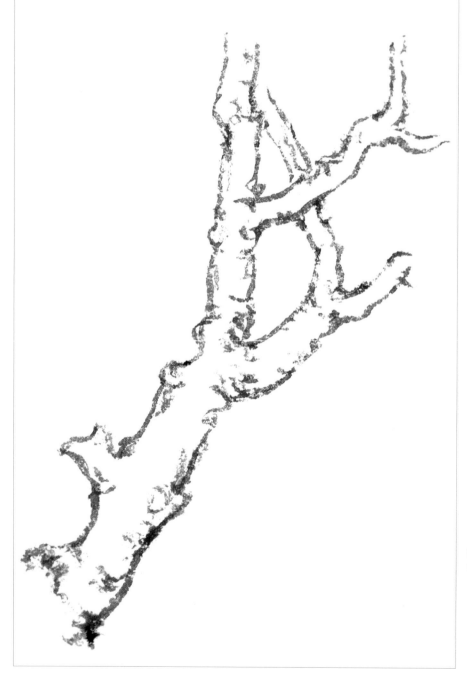

1 選用一支小號勾線筆，用少量的清水調和墨汁，蘸滿筆尖，中鋒運筆，由下向上勾畫枝幹。

　　勾畫老枝幹時，行筆應多頓挫、轉折，可適當地用小側鋒進行勾畫。

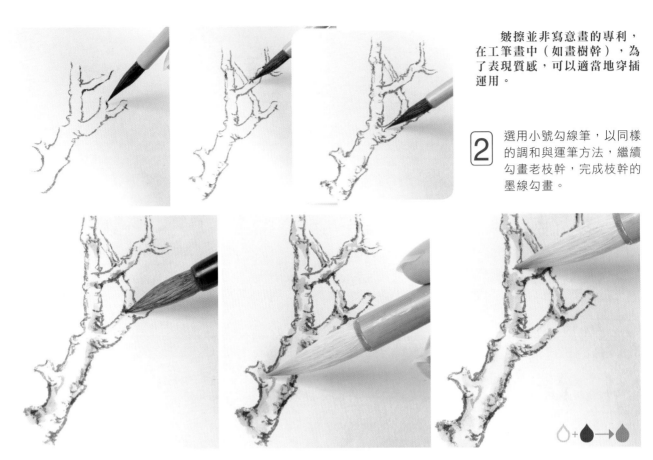

皴擦並非寫意畫的專利，在工筆畫中（如畫樹幹），為了表現質感，可以適當地穿插運用。

2 選用小號勾線筆，以同樣的調和與運筆方法，繼續勾畫老枝幹，完成枝幹的墨線勾畫。

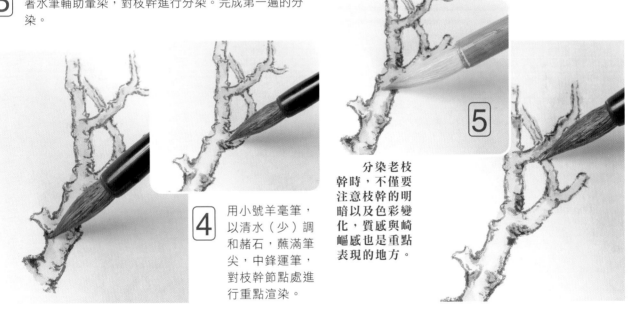

3 選用一支小號羊毫筆，用清水調和赭石，蘸滿筆尖，著水筆輔助暈染，對枝幹進行分染。完成第一遍的分染。

4 用小號羊毫筆，以清水（少）調和赭石，蘸滿筆尖，中鋒運筆，對枝幹節點處進行重點渲染。

5

分染老枝幹時，不僅要注意枝幹的明暗以及色彩變化，質感與崎嶇感也是重點表現的地方。

繪畫步驟：勾墨線

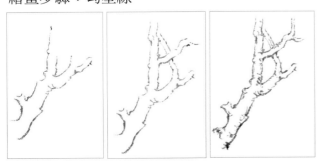

繪畫步驟：分染

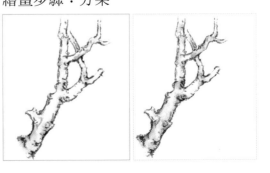

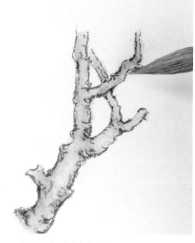

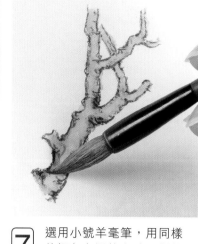

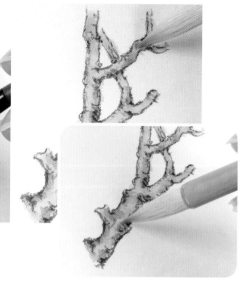

6 選用小號羊毫筆，用清水調和淡墨與赭石，蘸滿筆肚，側鋒運筆，對枝幹進行統染。

7 選用小號羊毫筆，用同樣的調色與運筆方法，對枝幹進行第二遍統染。

每個人都有自己獨特的一面，植物也不例外。在繪製時，重點表現的就是這些特點。

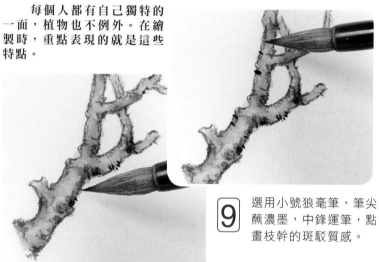

9 選用小號狼毫筆，筆尖蘸濃墨，中鋒運筆，點畫枝幹的斑駁質感。

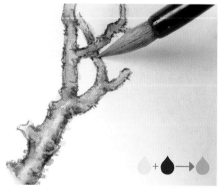

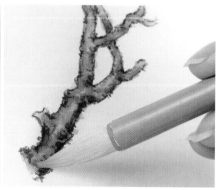

10 用小號狼毫筆，以清水（少）調和藤黃和赭石，蘸滿筆尖，以著水筆輔助潤化，對枝幹進行染色。

點染老枝幹時，不必像染花瓣那樣細膩，可以適當地留出一些色痕。

繪畫步驟：統染

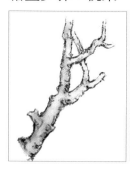 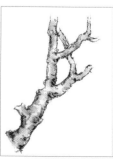 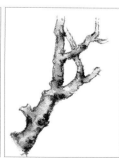 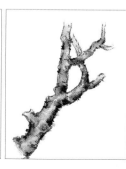 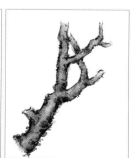

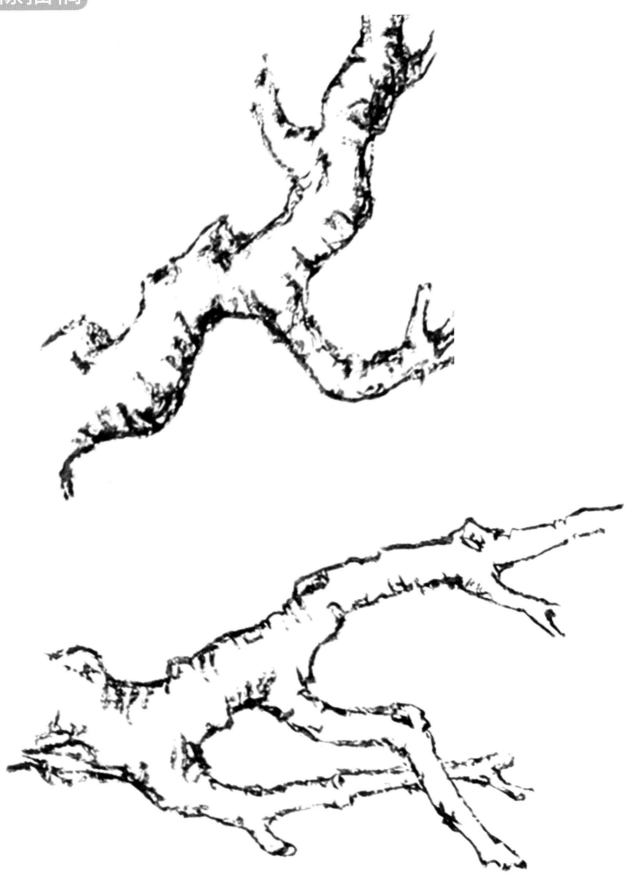

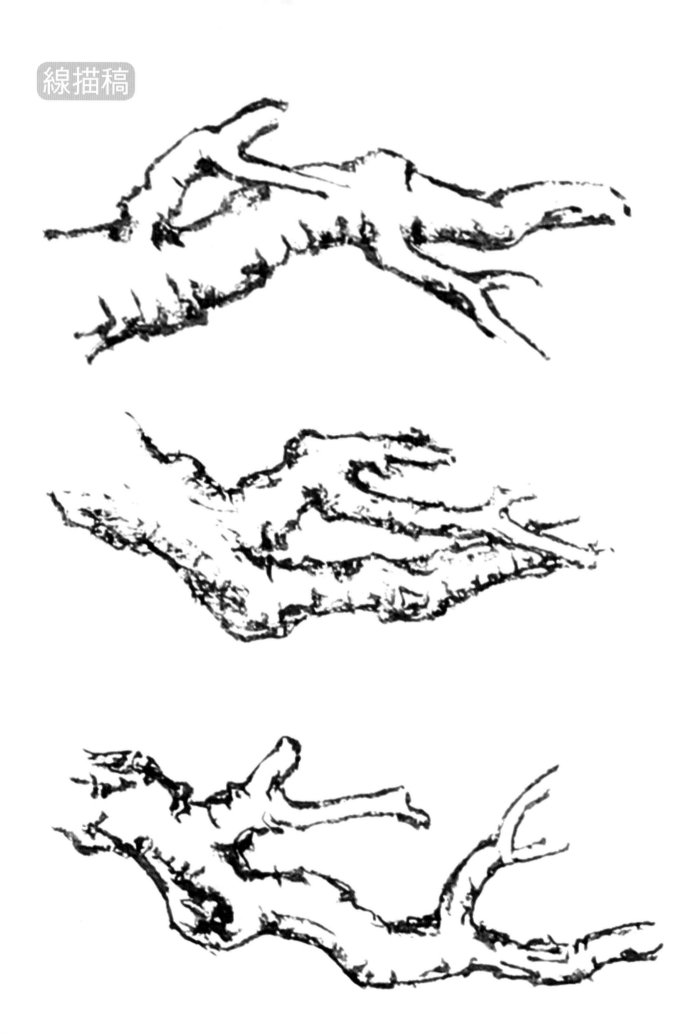

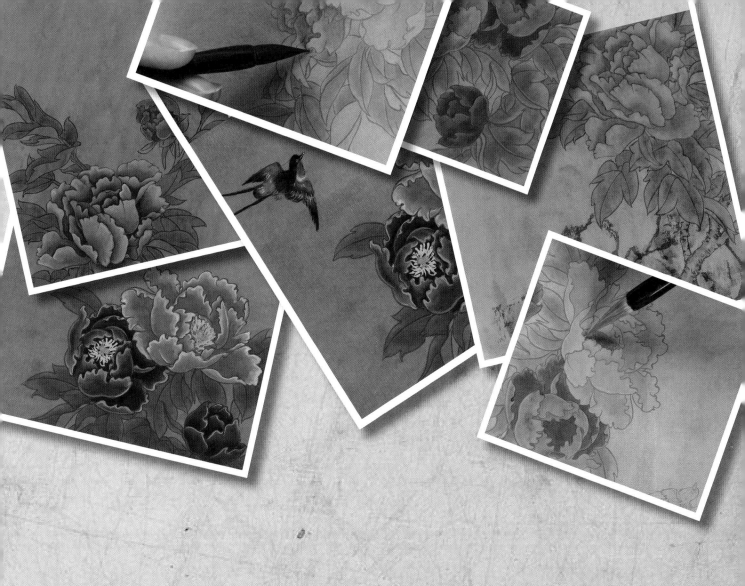

第七章

作品

7.1 作品一

　　畫牡丹時，一般以花冠為主體，布局時應將花冠安
排在畫面的主要部位，輔以綠葉襯托，在色彩上產生冷
暖、明暗對比，就能達到畫面集中、花頭醒目的效果。
再者，畫面如果只有主體花頭，會顯得孤立單調，必須
有體型較小的花苞或初放花頭相稱托，顧盼呼應，才能
呈現牡丹的勃勃生機。

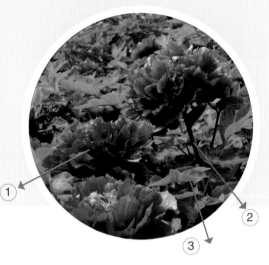

① 花頭　② 花梗　③ 花葉

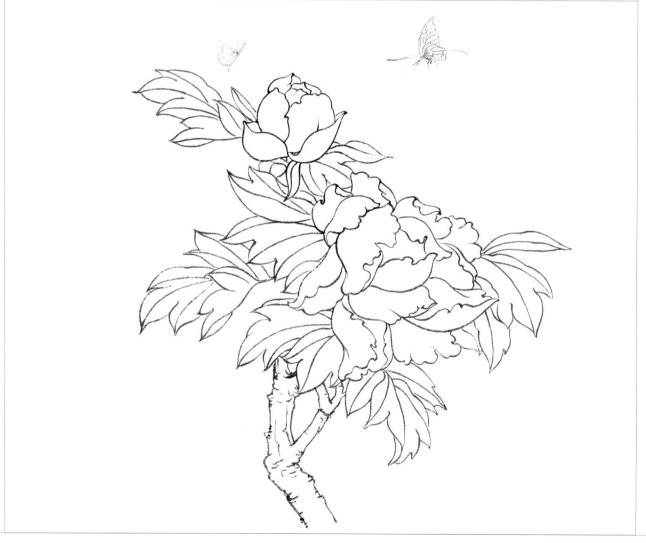

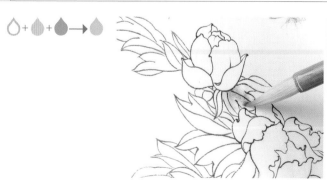

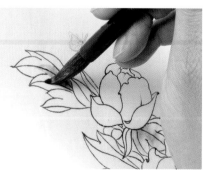

1 選用一支小
號狼毫筆，
用淡墨調和
三綠（清水
稍多），蘸
滿筆肚，側
鋒運筆，對
葉子進行分
染。

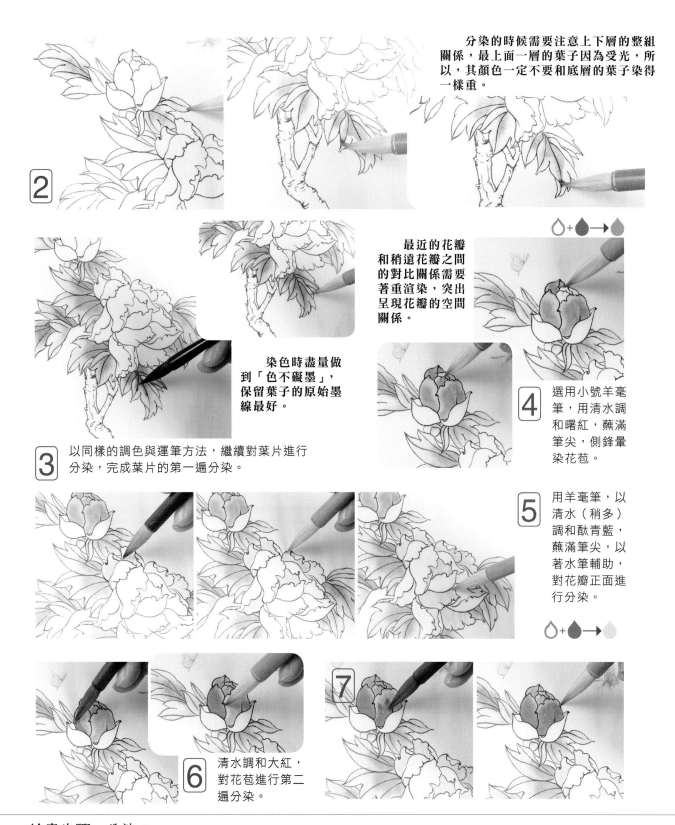

分染的時候需要注意上下層的整組關係，最上面一層的葉子因為受光，所以，其顏色一定不要和底層的葉子染得一樣重。

最近的花瓣和稍遠花瓣之間的對比關係需要著重渲染，突出呈現花瓣的空間關係。

染色時盡量做到「色不礙墨」，保留葉子的原始墨線最好。

3 以同樣的調色與運筆方法，繼續對葉片進行分染，完成葉片的第一遍分染。

4 選用小號羊毫筆，用清水調和曙紅，蘸滿筆尖，側鋒暈染花苞。

5 用羊毫筆，以清水（稍多）調和酞青藍，蘸滿筆尖，以著水筆輔助，對花瓣正面進行分染。

6 清水調和大紅，對花苞進行第二遍分染。

繪畫步驟：分染 1

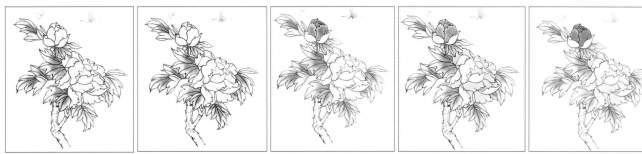

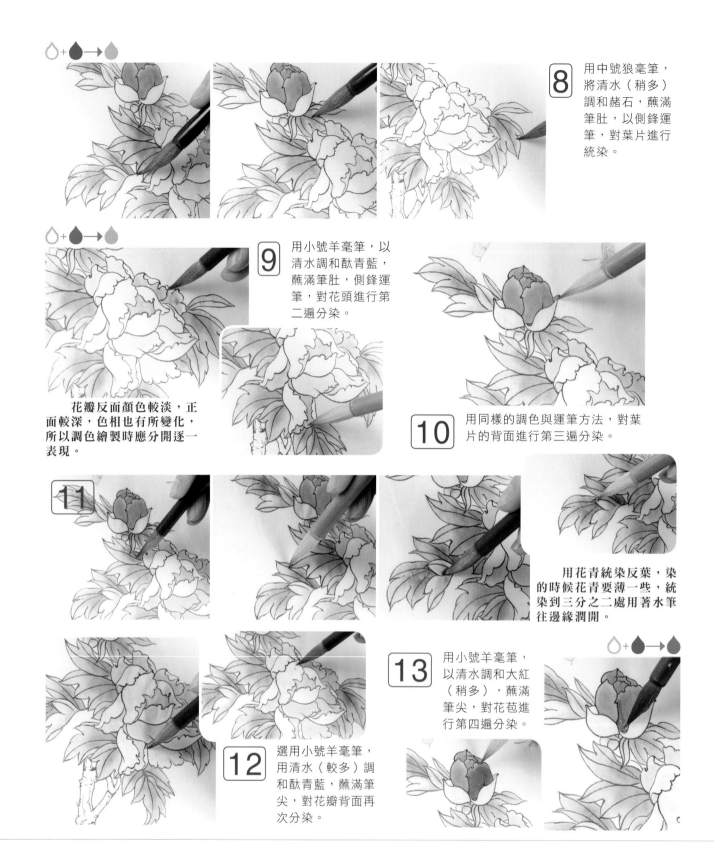

⚪+⚫→◐

8 用中號狼毫筆，將清水（稍多）調和赭石，蘸滿筆肚，以側鋒運筆，對葉片進行統染。

⚪+⚫→◐

9 用小號羊毫筆，以清水調和酞青藍，蘸滿筆肚，側鋒運筆，對花頭進行第二遍分染。

花瓣反面顏色較淡，正面較深，色相也有所變化，所以調色繪製時應分開逐一表現。

10 用同樣的調色與運筆方法，對葉片的背面進行第三遍分染。

11

用花青統染反葉，染的時候花青要薄一些，統染到三分之二處用著水筆往邊緣潤開。

12 選用小號羊毫筆，用清水（較多）調和酞青藍，蘸滿筆尖，對花瓣背面再次分染。

13 用小號羊毫筆，以清水調和大紅（稍多），蘸滿筆尖，對花苞進行第四遍分染。

⚪+⚫→◐

繪畫步驟：統染 1

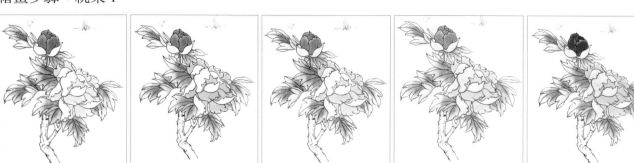

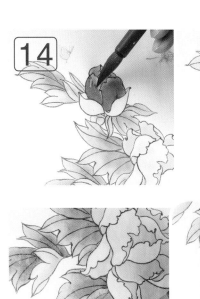

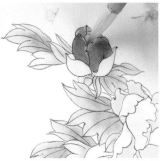

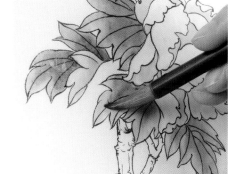

15

選用中號羊毫筆，調和花青和少許淡墨，以著水筆配合對葉片進行分染。

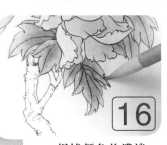

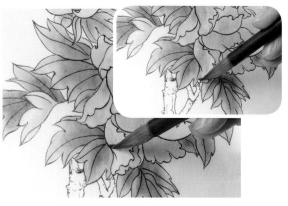

16

根據顏色的濃淡需要，可以適當添減清水的含量，但不能加白粉調和。

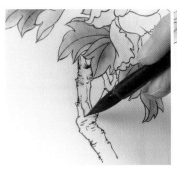

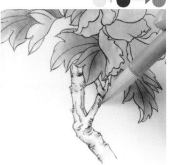

17

選用小號羊毫筆，用清水調和淡墨和酞青藍（少），蘸滿筆尖，對花瓣背面進行分染。

不論是畫葉片或是花瓣的正面與背面，整體的光照方向要統一。在為花瓣背面著色時應掌握近亮遠暗這一原則。

18

選用中號羊毫筆，調和藤黃和赭石，蘸滿筆尖，中鋒運筆，對老枝幹進行分染。

知識拓展

撒鹽：特殊技法的一種。鋪好底色後，趁濕在上面撒上食鹽，任其自然滲化，形成雪花狀的肌理效果。

塗蠟：特殊技法的一種。在未畫或畫到中間時，在畫面上不規則地塗抹上一些石蠟，使畫面產生局部不掛色的斑駁效果。此法也可表現下雨時的效果。

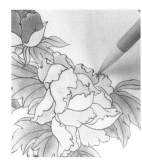

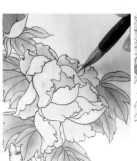

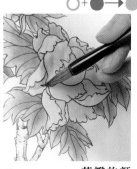

19

選用中號羊毫筆，用清水調和少許酞青藍，蘸滿筆尖，對花瓣正面進行分染。

花瓣的顏色層次最為細膩，在著色時要牢記「三礬九染」。

繪畫步驟：分染 2

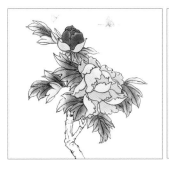

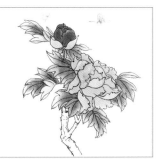

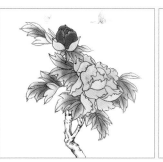

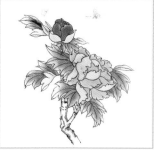

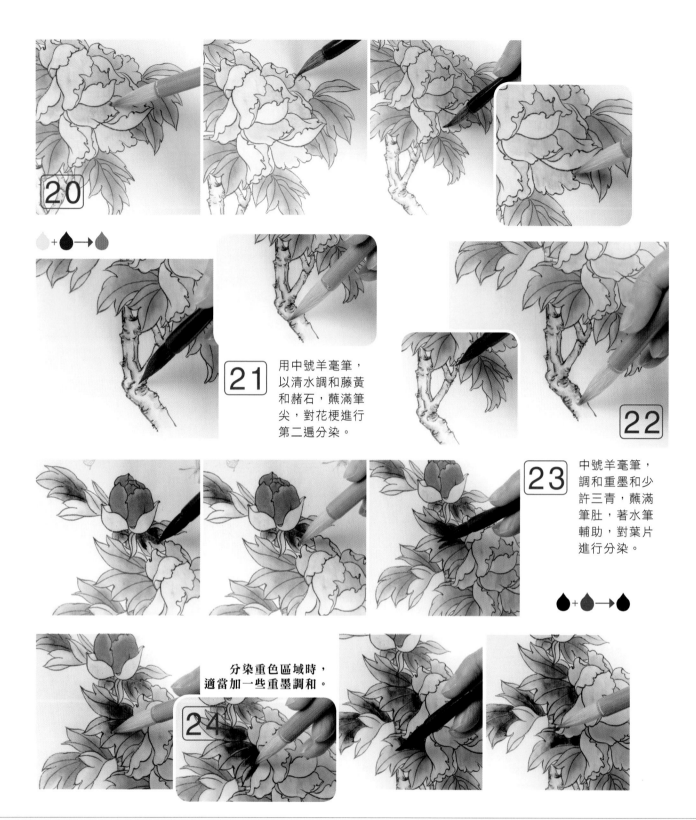

20

21 用中號羊毫筆，以清水調和藤黃和赭石，蘸滿筆尖，對花梗進行第二遍分染。

22

23 中號羊毫筆，調和重墨和少許三青，蘸滿筆肚，著水筆輔助，對葉片進行分染。

分染重色區域時，適當加一些重墨調和。

24

繪畫步驟：
統染 2

知識拓展

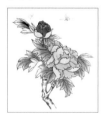

　　皺紙：勾好白描圖稿後，用噴壺把畫稿稍微打濕，水不要太多，然後把畫稿慢慢攥在一起輕輕揉搓，再展開撫平，用大白雲筆蘸事先準備好的顏色（顏色略重），在畫稿的背面皺擦點染，使顏色滲透，畫稿正面可產生碎瓷般斑駁的效果。

繪畫步驟：
分染 3

知識拓展

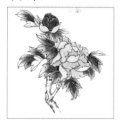

　　水洗：是對畫面的一種處理方法，可使畫面更加統一、協調，同時也可以把表面浮色洗掉，使畫面更加沉穩。水洗時，先用清水把畫稿打濕，用白雲筆輕輕洗刷。可整體洗，也可局部洗，不要太用力，否則會把畫稿弄破。

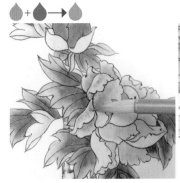
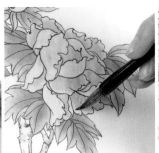
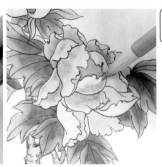

25 中號羊毫筆，調和淡墨和少許酞青藍，蘸滿筆尖，以著水筆輔助，再次對花頭進行分染。

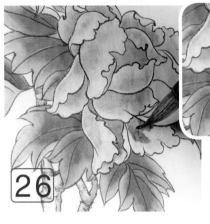
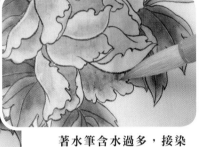
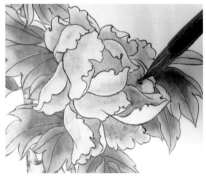

26

著水筆含水過多，接染後會留下點狀重色水滴，這時可以將筆肚水分擠掉，輕輕地用筆尖吸去多餘顏色。

27 用同樣的調色與運筆方法，繼續對花瓣進行分染。

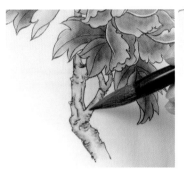
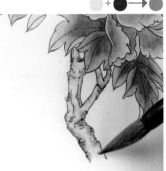

28 選用中號羊毫筆，用清水調和藤黃和赭石，蘸滿筆肚，對枝幹進行統染。

　　繪製老枝幹時，要學會掌握整體輪廓，做到「整體著眼，局部入手」，而且要在複雜多變的枝幹上，找出基本的結構特徵，即找出枝幹表面的凹凸起伏。

　　花有正側偃仰之分，葉子同樣有俯仰正側之別。葉子反面色調為冷調，可適當加些三綠。

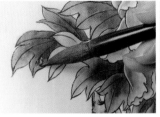
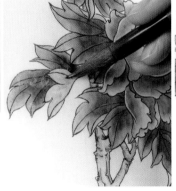
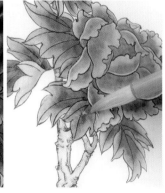

29 選用中號羊毫筆，用清水（多）調和赭石，蘸滿筆肚，側鋒運筆，對葉片進行統染。

繪畫步驟：分染 4

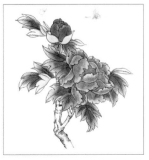

知識拓展

　　皴擦：繪畫裡常遇到土、石、樹椿等物類，用筆中常以皴增強質地和厚重感，也是線的補充，較講究用筆。一般要求自然而順勢，不故作姿態。擦，更加隱筆。一般只是豐富皴的技法，有時也能修改皴的敗筆的作用。

繪畫步驟：統染 3

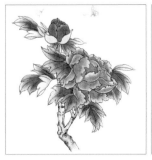
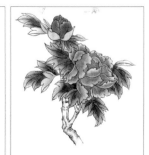

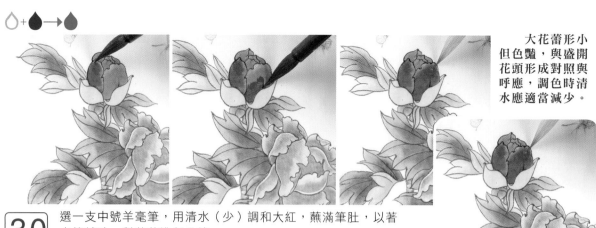

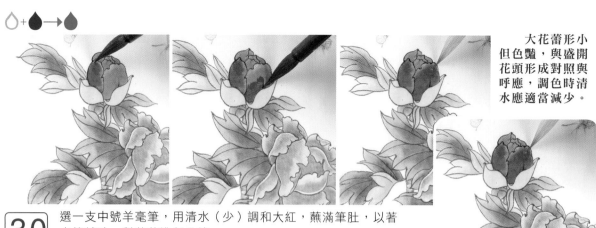 大花蕾形小
但色豔，與盛開
花頭形成對照與
呼應，調色時清
水應適當減少。

30 選一支中號羊毫筆，用清水（少）調和大紅，蘸滿筆肚，以著水筆輔助，對花苞進行分染。

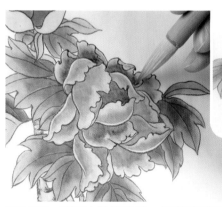

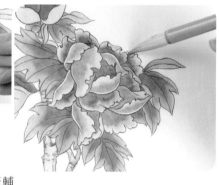

盛開花朵瓣形變化靈
活、豐富，特別是外層花
瓣，面積大而變化多，是
畫好盛開花頭的關鍵。

31 選取中號羊毫筆，用淡墨調和酞青藍，蘸滿筆尖，以著水筆輔助，對花頭再次進行分染。

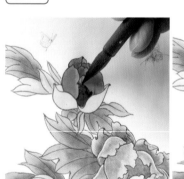

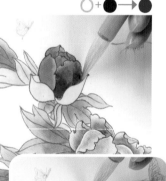

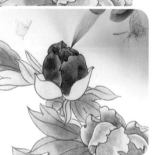

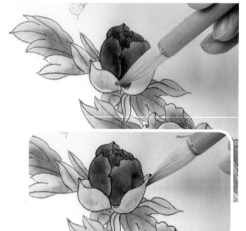

32 中號羊毫筆，以清水調和胭脂，蘸滿筆尖，以著水筆輔助，對花苞再次進行分染。

**注意花苞體積感的表現，
下重上淡，花瓣為弧狀。**

33 選取小號羊毫筆，用清水調和酞青藍，蘸滿筆尖，對花瓣背面進行統染。

繪畫步驟：分染 5

知識拓展

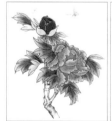 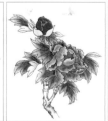 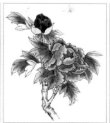 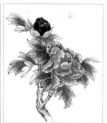

點：繪畫中點的用途極廣，
所點之處可視為花卉野草、可為
苔點、也可不計何物僅為畫面的
裝飾用。點是小點，是擴大了的
點，此法在畫作中常用。用點時
一般求用筆的一致統一。

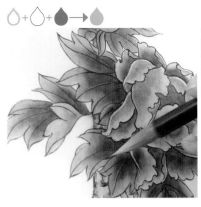
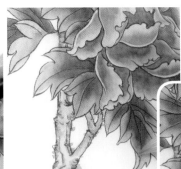

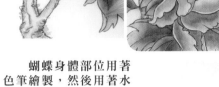

34 選用中號羊毫筆，用清水調和白粉與酞青藍（稍多），蘸滿筆尖，側鋒運筆，對葉片背面邊緣進行分染。

蝴蝶身體部位用著色筆繪製，然後用著水筆向翅膀外側接染。

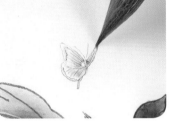
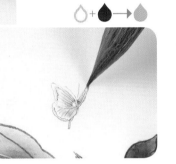
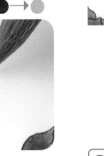
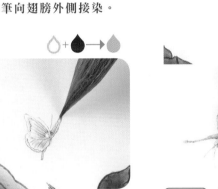

35 用小號羊毫筆，以清水（稍多）和少許赭石調和，蘸滿筆尖，以著水筆輔助，對蝴蝶進行暈染著色。

36 選用小號羊毫筆，調和曙紅和少許酞青藍，蘸滿筆尖，對右邊蝴蝶進行著色。

37 用小號羊毫筆，調和白粉和藤黃，蘸滿筆尖，中鋒運筆，點畫花蕊。

花頭處於視角的正面，在點畫花蕊時應環形點畫，蕊絲的姿態要有變化，忌呆板排列。

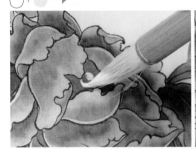
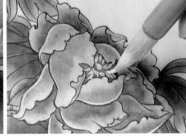

38 用大號羊毫筆，以清水（多）調和赭石，蘸滿筆肚，側鋒運筆，平塗背景。

平塗背景時，要用大筆，從一側一筆接一筆繪製，筆觸之間要銜接自然，不要留下筆觸。在接近牡丹時，適當地放慢速度，盡量不要疊壓在牡丹之上。

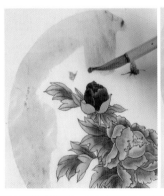
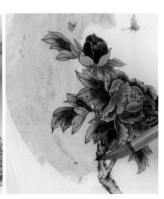

繪畫步驟：統染 4

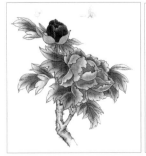
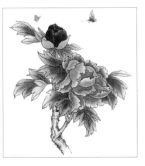

繪畫步驟：點花蕊

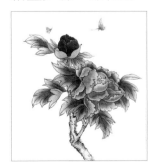

繪畫步驟：平塗背景

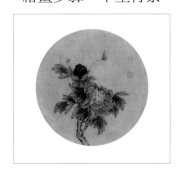

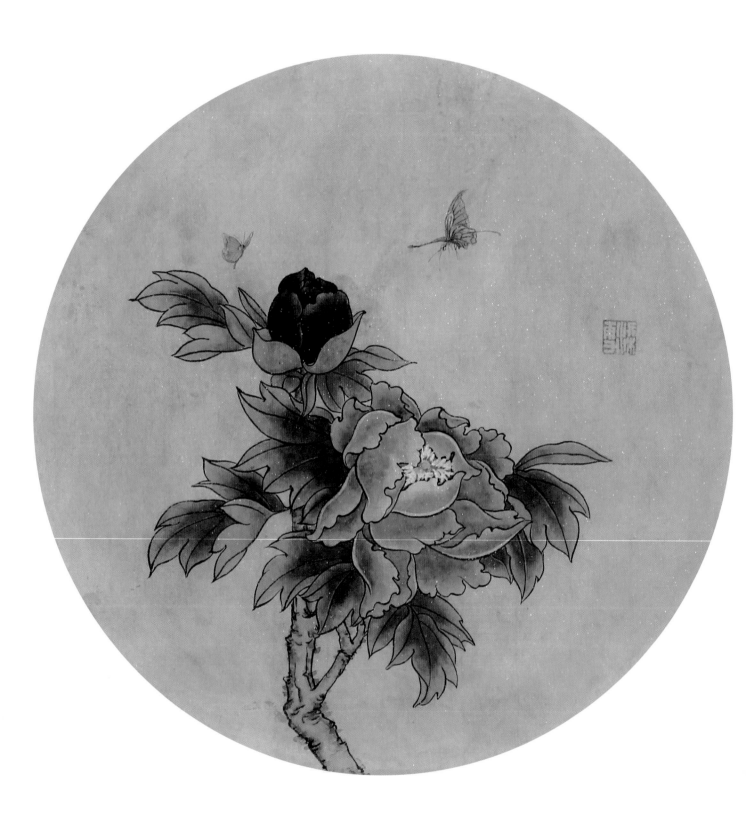

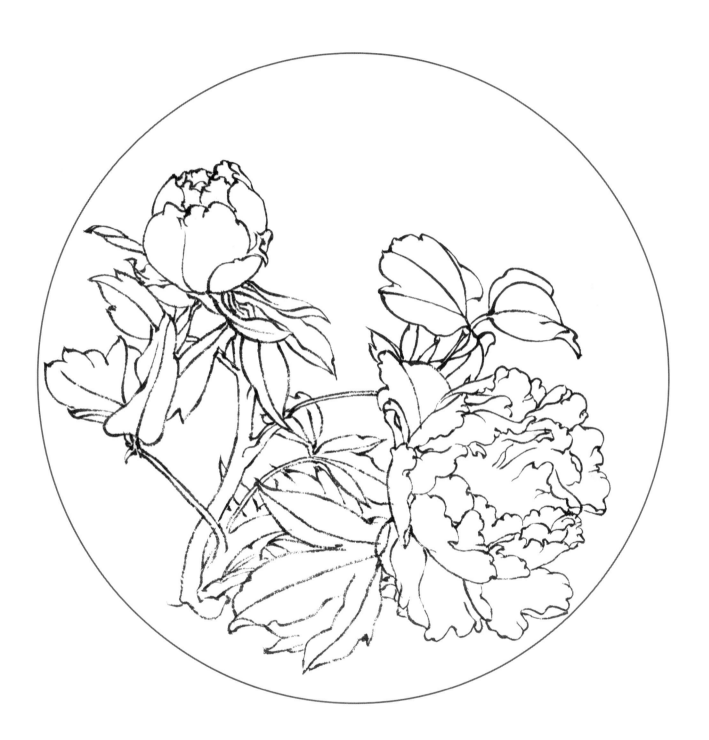

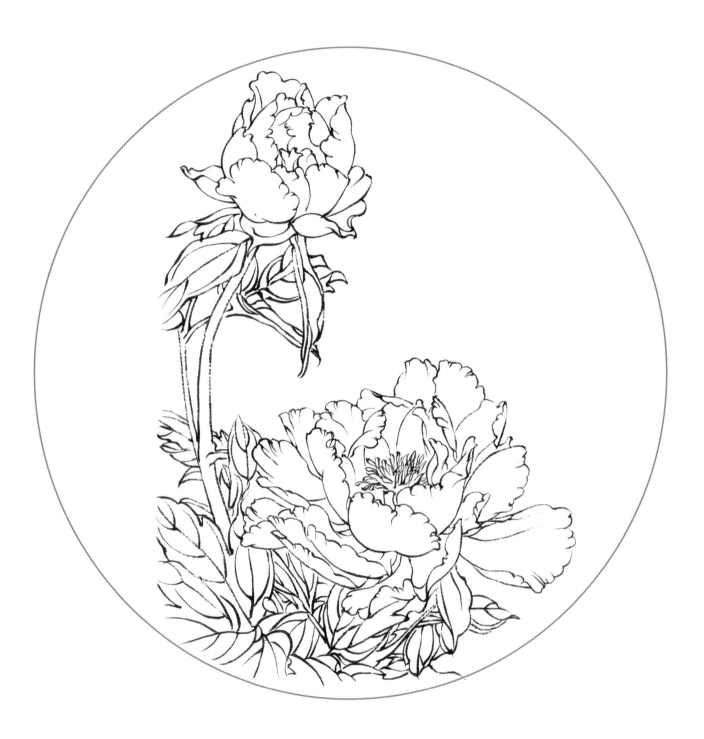

7.2 作品二

　　畫面上花、葉分布要稀疏而均勻，布局過密，滿紙花葉，不留空白，顯窒息逼人，所以只有疏密相間，要做到「疏可走馬，密不通風」才能恰到好處。畫面的虛實處理同樣重要，筆墨形色處為實，畫面空白處為虛。這樣既可使畫面有空靈感，又能留給觀賞者以無限的遐想。

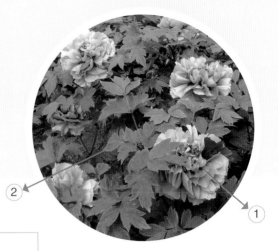

① 花頭　② 花葉

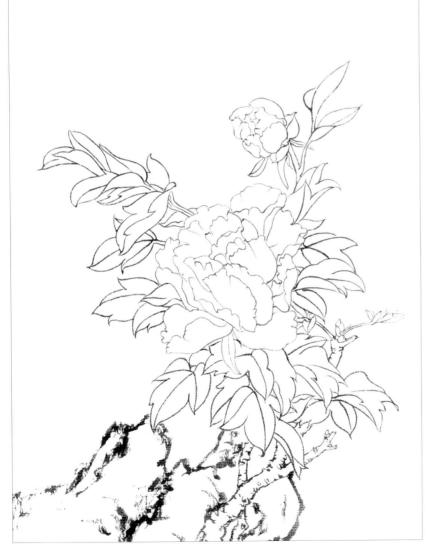

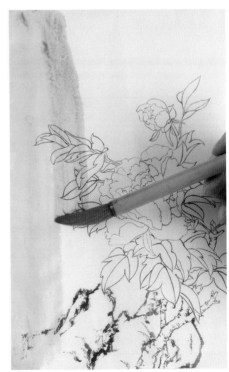

1 選用一支大號羊毫筆，用清水調和熟褐，蘸滿筆肚，側鋒運筆，對背景進行平塗。

　　平塗背景時，顏色要一次調足，這樣塗出的背景顏色濃淡比較統一。

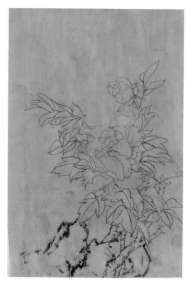
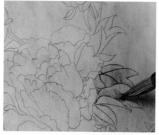
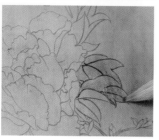
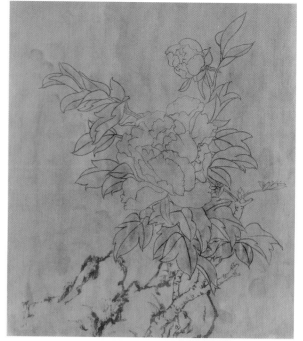

2 上好底色之後，選用中號羊毫筆，用清水調和淡墨與花青，蘸滿筆尖，側鋒運筆，對葉子進行分染。

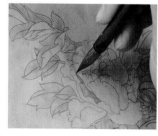
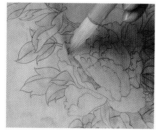
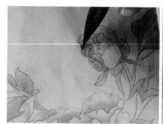

3 分染完葉子之後，蘸曙紅對紅色花頭進行分染。

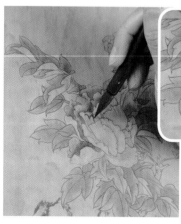

花瓣質地比較細膩，且是畫面主體，繪製時不能急於求成，應淡色層層疊壓。

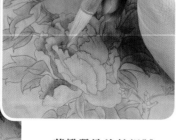
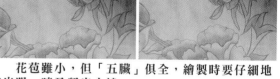

花苞雖小，但「五臟」俱全，繪製時要仔細地畫出明、暗及留出水線。

4 繼續用白雲筆調胭脂加少許花青，對紫色花頭進行分染。

繪畫步驟：
分染 1

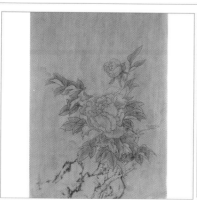
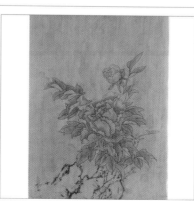
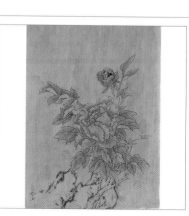

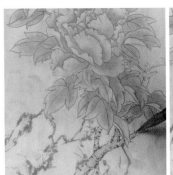
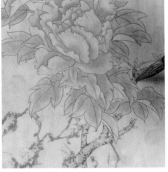
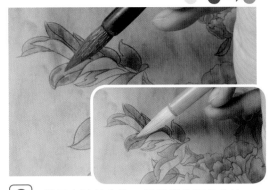

5 選用中號羊毫筆，用清水調和藤黃與熟褐，蘸滿筆尖，對花梗進行分染。

6 選用中號羊毫筆，用同樣的調色方法，中鋒運筆，對葉片的邊緣進行統染。

葉片顏色完成時，對葉尖進行統染。由於顏色乾後，色調會變灰，所以著色筆的純度可適當高一些。

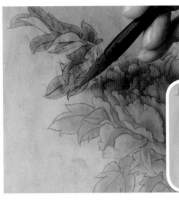
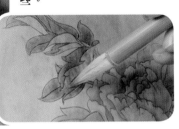
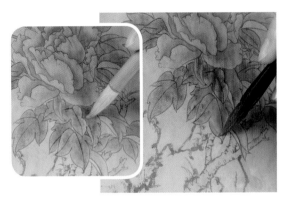

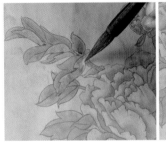
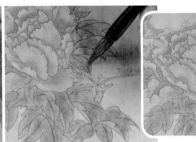

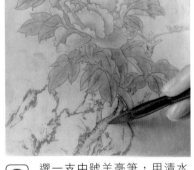

7 用同樣的調色與暈染方法，繼續對葉片進行接染。

8 選一支中號羊毫筆，用清水調和赭石（少許），蘸滿筆尖，中鋒運筆，對花梗進行第二遍的分染。

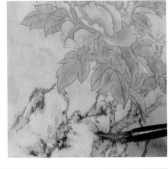
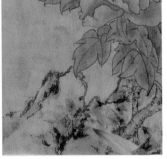

工筆畫山石，技法也就皴、擦、點、畫等幾種，但筆觸之間的層次要柔和、自然。

9 選用中號羊毫筆，用清水調和花青與少許藤黃，蘸滿筆尖，對山石進行第一遍分染。

繪畫步驟：
分染 2

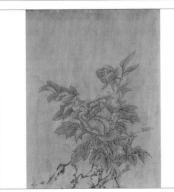
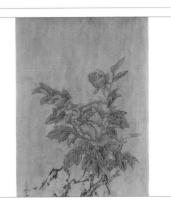
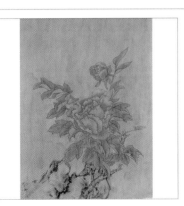

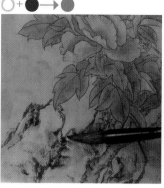

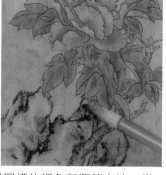

10 選用中號羊毫筆，用同樣的調色與運筆方法，繼續對山石進行分染。

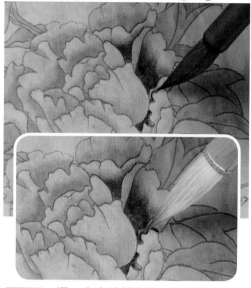

11 選一支中號羊毫筆，調和淡墨和大紅，蘸滿筆尖，對花頭進行第三遍分染。

　　花瓣與花瓣的交界處，是一瓣花瓣的最暗處和另一瓣花瓣的最亮處。

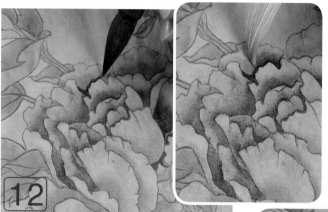

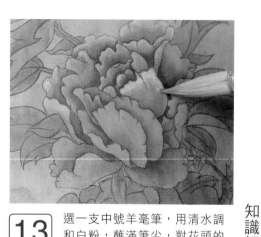

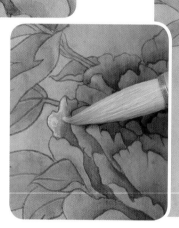

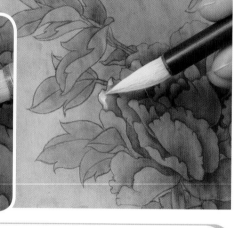

13 選一支中號羊毫筆，用清水調和白粉，蘸滿筆尖，對花頭的亮部進行提染。

　　提染是對一幅畫最後整體的明暗關係的調節，亮部提亮，暗部更暗，使整個畫面從「昏昏欲睡」到「精神抖擻」。

知識拓展

　　畫工筆花鳥用什麼紙和筆最好？

1.筆：勾線方面用美工描筆、大衣紋、紅圭、七紫三羊等長鋒描筆都可以，染色方面可使用常見的兼毫大白雲。勾線筆有2支就可以了，染色筆可多備幾支，紅綠色和白色、黑色最好都有單獨的筆來調色，免得染色時顏色互相竄了，髒了畫面。

2.紙張：使用比較厚實一點的熟宣即可。太薄的蟬翼宣等不適合初學者使用，因為其遇水後極易起皺，且多次渲染紙張易起毛。過稿方便倒是其優點。

繪畫步驟：分染3

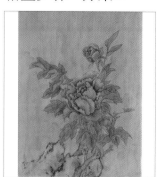

繪畫步驟：
提染

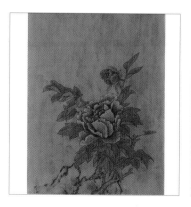

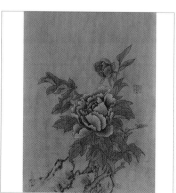

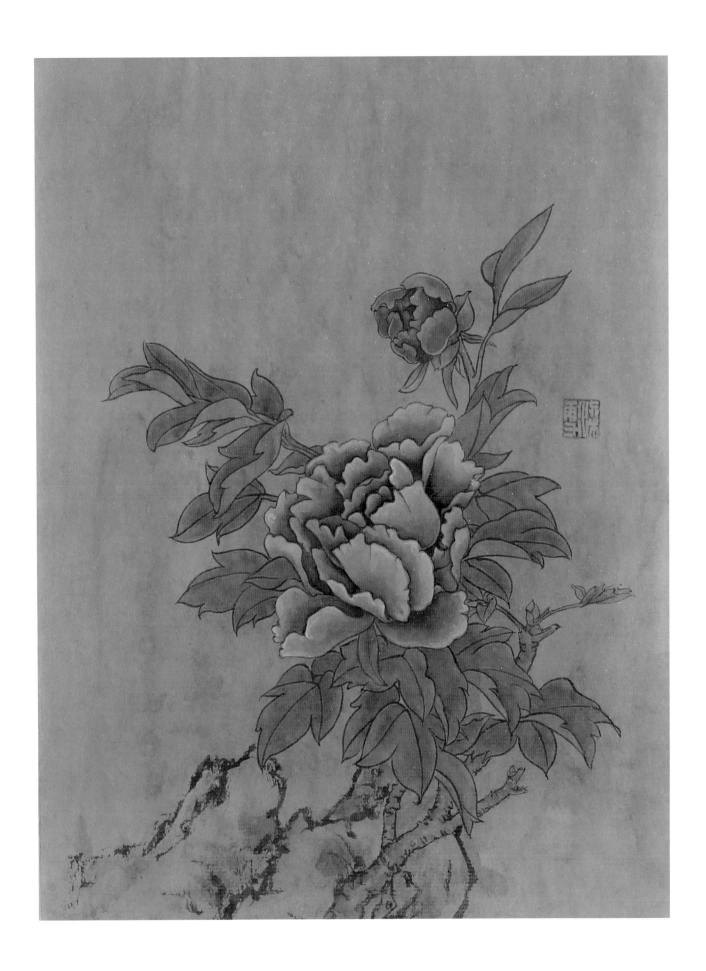

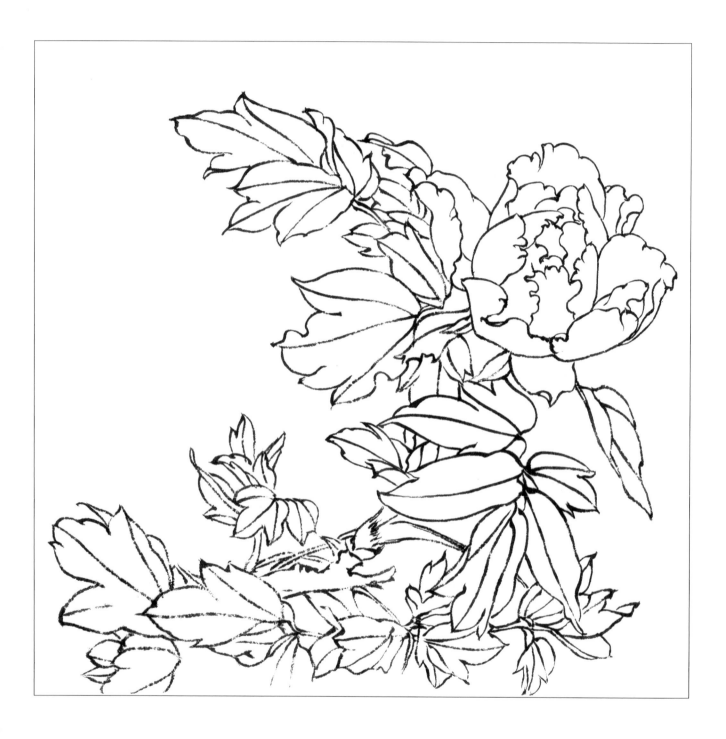

7.3 作品三

牡丹和梅花不同之處在於，牡丹以表現花、葉為主，梅花以表現枝幹為主，氣勢的貫穿較容易。所以畫牡丹，不論畫面的大小和構圖的簡繁，都要理順花、葉、莖、幹的來龍去脈，注意整個畫面氣勢的貫穿。

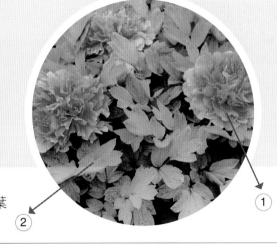

① 花頭 ② 花葉

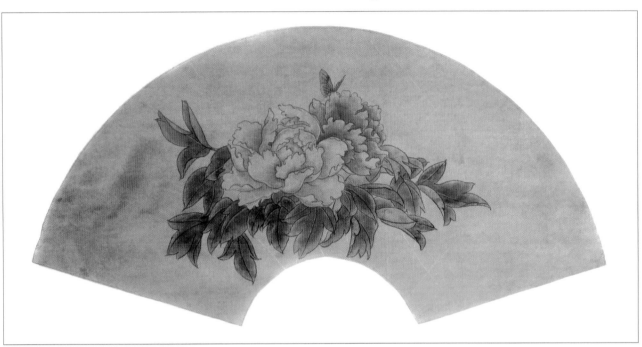

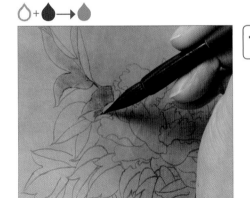

① 用中號羊毫筆，以清水調和熟褐，蘸滿筆肚，以著水筆輔助暈染，對葉子進行第一遍分染。

分染時，顏色不要超出葉片邊緣線，要在線內進行暈染。葉片之間存在疊壓與前後，染色時要掌握濃淡變化。

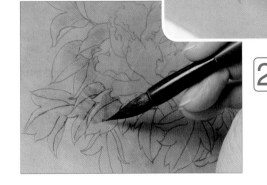

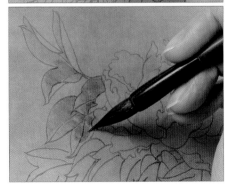

② 以同樣的調色與運筆方法，繼續對葉片進行分染。

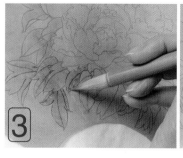

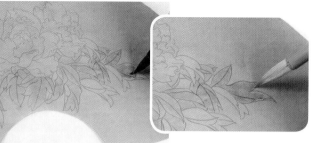

③

分染時，應一筆而
過，未乾時不宜反覆暈
染，過度暈染則會使底
色泛起。

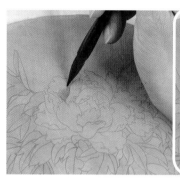

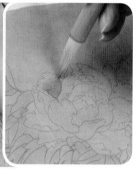

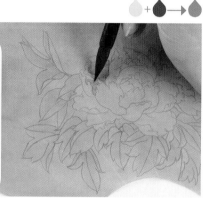

④ 用中號狼毫筆，以清水調和藤黃與少許熟褐，蘸
滿筆尖，以著水筆輔助，對花頭進行分染。

⑤ 用同樣的調色與運筆方法，繼續對花頭進行分染。

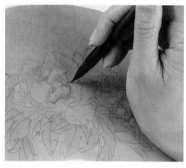

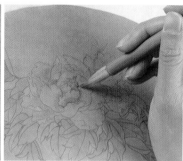

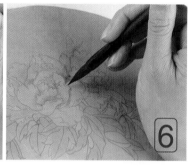

花頭和底
色皆是黃色，
所以在分染花
頭時，應著重
繪製花頭的暗
部區域。

⑥

⑦

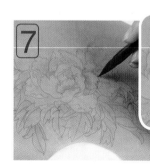

用著水筆接染時通常使用側
鋒，依花瓣的形狀弧形運筆，由
內向外層層潤化。

知識拓展

繪畫步驟：分染1

知識拓展

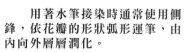

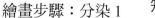

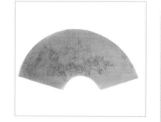

乾染：主要用於畫工
筆羽毛，也就是筆上的水
分沒有很多，一筆一筆擦
出來，深淺濃淡完全在於
用筆的輕重快慢。這樣乾
染以後，只有立體感與質
感，但少潤味，故乾染之
後，必須使水色加深。

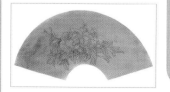

背染：就是在畫面的背
面染色，一般是平塗，不分
深淺。花朵的背面，平塗薄
薄的白粉；花葉的背面，塗
以薄薄的石綠；枝幹的背面
有時需要塗以赭石或朱紅。
為了防止裝裱時跑色，應該
於背染以後，塗一層礬水，
才能固定所塗的礦物色。背
塗最好於正面勾好輪廓線後
進行，也可以於正面全部畫
好後，再進行背染，一般運
用於背染工筆花鳥畫。此背
染的主要特點是，能使所畫
的花朵、枝、葉薄中見厚。

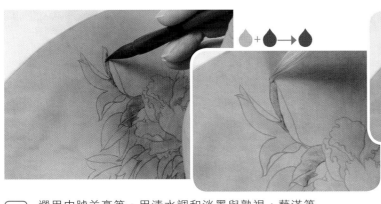

葉片的正面與背面顏色濃淡不一樣，分染時，正面和背面要分成兩部分分別分染。

8 選用中號羊毫筆，用清水調和淡墨與熟褐，蘸滿筆肚，以著水筆輔助，對葉片進行第二遍分染。

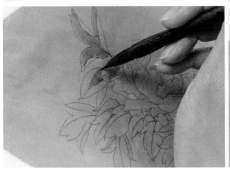 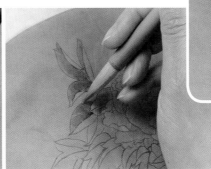

為了畫面的整體協調，在繪製葉子的明暗色調時，要和底色的調子相一致。

9 用同樣的調色與運筆方法，繼續分染葉片。

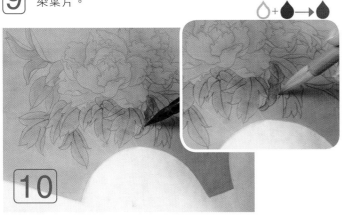

10

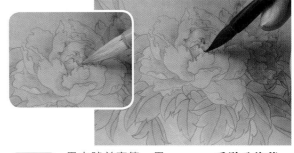

11 用中號羊毫筆，用清水調和熟褐（稍多），蘸滿筆尖，以著水筆輔助，對花頭進行第二遍分染。

重點分染花瓣的根部，外緣的亮部應盡量保留，染出花頭的立體感。

知識拓展

國畫顏料分植物色、礦物色、動物色三種。

植物色：藤黃、花青、胭脂、黑墨等。

礦物色：硃砂，朱紅，赭石，鉛粉，鋅太白，石黃，頭、二、三、四青，頭、二、三、四綠，杯金，杯銀等。

動物色：蛤粉、調色用的黃明膠。

繪畫步驟：分染 2

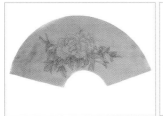 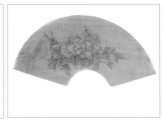

繪畫步驟：分染 3

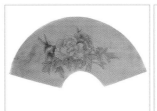 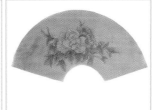

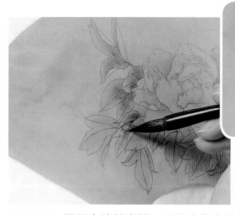

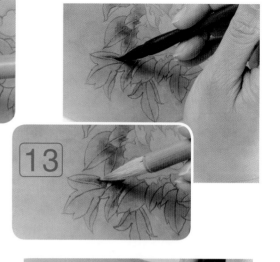

葉片中的赭石色不要用現成的，用硃磦調墨來配製，這樣才不會出現渣滓。

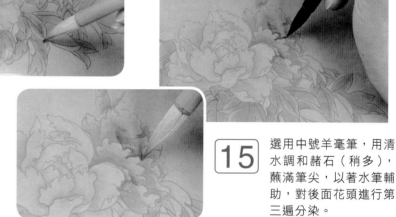

13

12 選用中號羊毫筆，用清水調和淡墨與赭石，蘸滿筆尖，以著水筆輔助，對葉片進行第三遍分染。

14

線條為造型的基礎，運用毛筆進行勾線，線條的要求基本可以概括為平、圓、留、重、變五個字。

15 選用中號羊毫筆，用清水調和赭石（稍多），蘸滿筆尖，以著水筆輔助，對後面花頭進行第三遍分染。

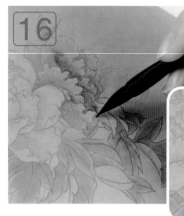

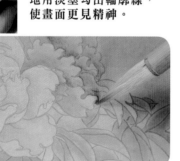

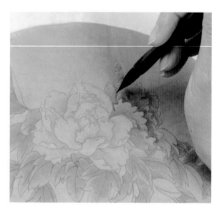

16

第三遍分染後，根據畫面的情況，可適當地用淡墨勾出輪廓線，使畫面更見精神。

17 繼續分染後面花頭，完成花頭的第三遍分染。

繪畫步驟：統染

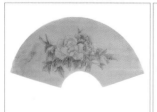

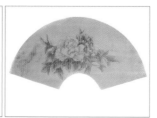

繪畫步驟：分染 4

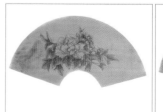

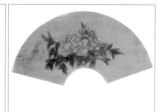

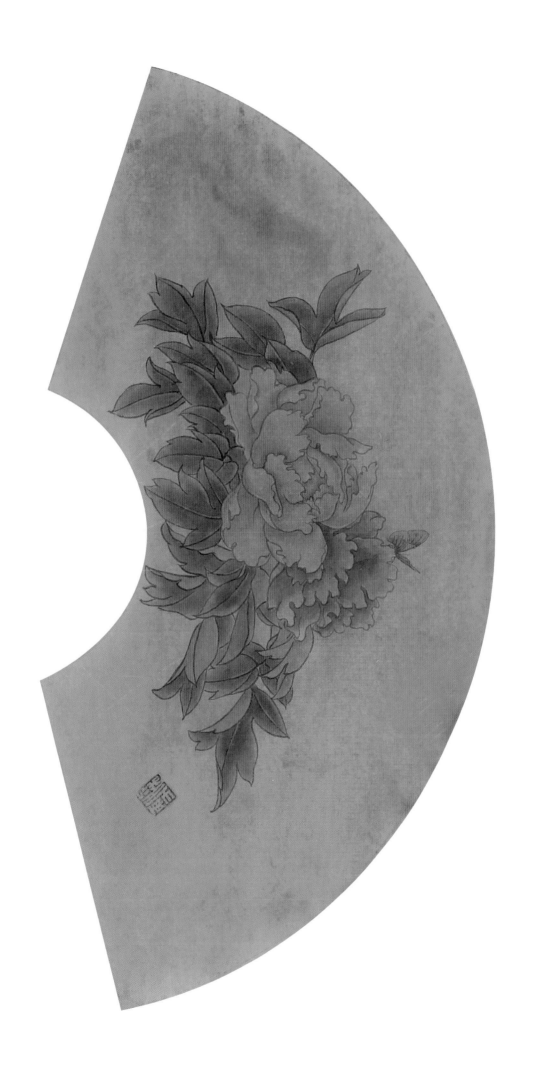

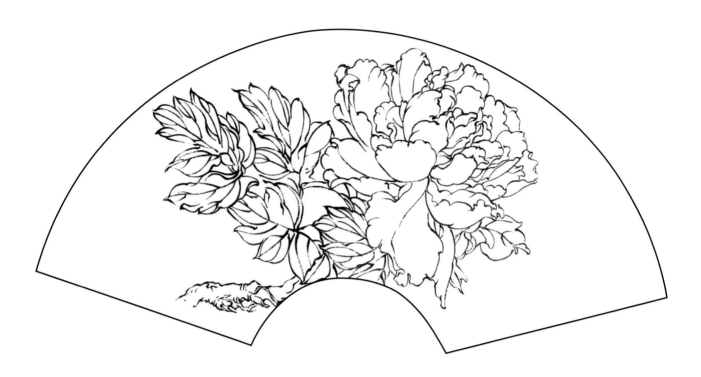

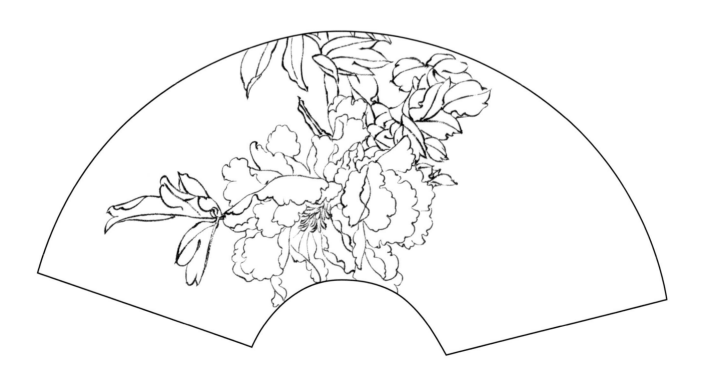

7.4 作品四

　　內容和形式的完美統一，是一件好作品的重要因素。牡丹以花碩色豔、雍容華貴、富麗端莊為其特徵。因此在布局講究變化的同時還要給人以穩定均衡之感。一般不作下垂式布局，也要避免左右對稱。在布局時，除了注意乾枝和花葉的均衡外，還可利用飛鳥點綴，達到均衡畫面重心的目的。

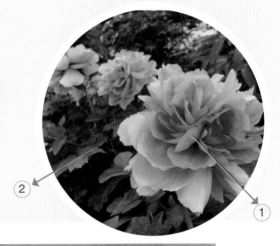

① 花頭　② 花葉　②

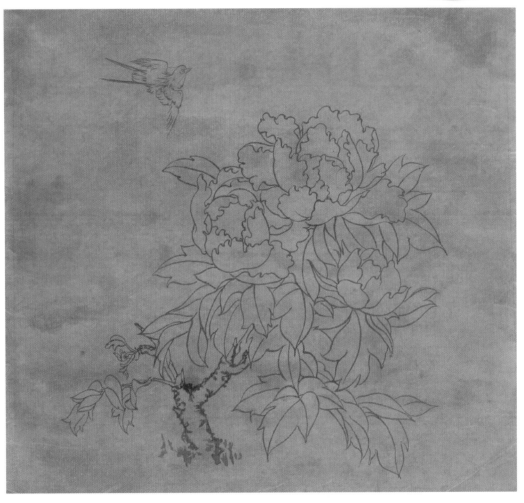

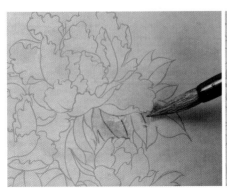

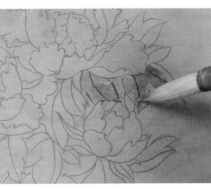

1 選用一支中號狼毫筆，用清水調和藤黃和熟褐，蘸滿筆尖，以著水筆輔助，對葉片進行分染。

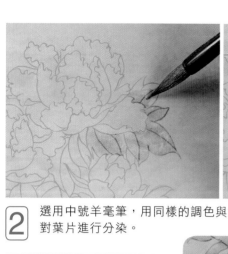

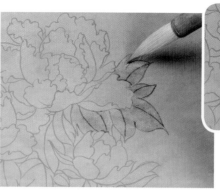

藤黃可適當多添加一
點，透過葉片色與背景色
的對比，拉開空間關係。

2 選用中號羊毫筆，用同樣的調色與運筆方法，繼續
對葉片進行分染。

3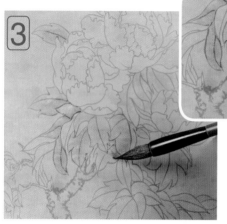

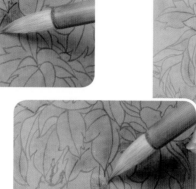

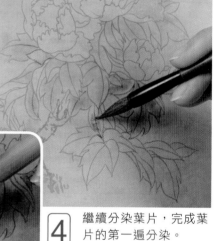

4 繼續分染葉片，完成葉
片的第一遍分染。

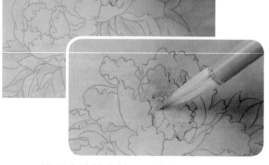

6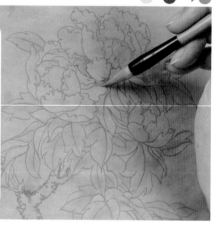

5 選用中號羊毫筆，用清水調和藤黃和少許
赭石，蘸滿筆肚，以著水筆輔助，對花頭
進行分染。

區分不同顏色的花頭，保證花頭染色的完整，特別是紛繁
的畫面，一筆不慎，就會破壞整個畫面的效果。

繪畫步驟：分染 1

知識拓展

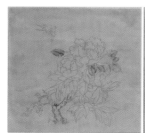
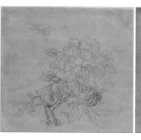
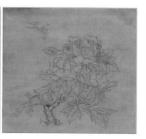

　　點苔問題：在畫樹幹時，一方面為了
顯得蒼老，另一方面也是為了提神，需要
應用點苔技法。傳統方法是，先點重墨，
乾後，加點石綠，其實根據需要，可以加
點石青，也可以加點硃砂。點苔的地方，
最好是點在枝幹交叉的地方，好像黑眼珠
一樣，就特別提神了。點苔的主要目的是
為了提神。

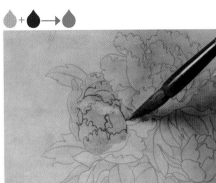

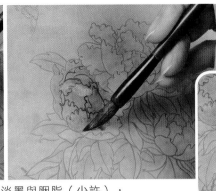

重色花頭通常是先將
整體色調透過平塗壓暗，
再運用分染、統染來塑造
花頭。

7 選一支中號羊毫筆，用清水調和淡墨與胭脂（少許），
蘸滿筆肚，側鋒運筆，對紅色花頭進行統染。

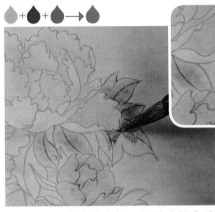

分染葉尖時，
適當加入少許硃磦
至關重要，使葉片
的顏色與花頭顏色
遙相呼應。

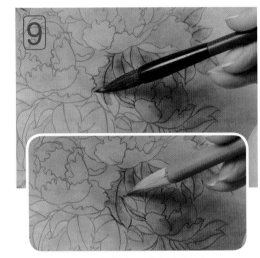

8 選用中號羊毫筆，用清水調和淡墨、熟褐與少許花青，
蘸滿筆尖，以著水筆輔助，對葉片進行第二遍分染。

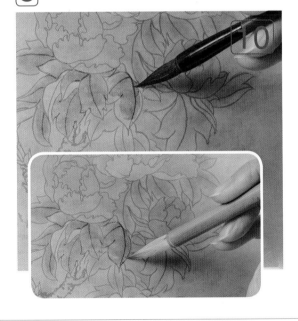

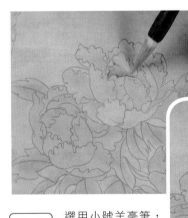

11 選用小號羊毫筆，
用清水調和藤黃與
少許淡墨，蘸滿筆
尖，以著水筆輔助，從花心處下筆，對花頭進行第二
遍分染。

繪畫步驟：統染

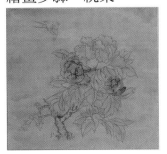

繪畫步驟：分染 2

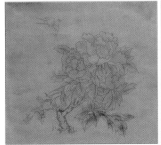

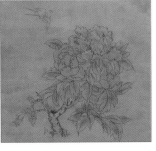

知識拓展

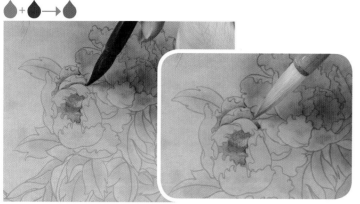

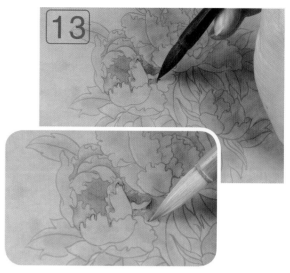

13

12 選用小號羊毫筆，用清水調和胭脂與少許酞青藍，蘸滿筆肚，以著水筆輔助，對紫色花頭進行分染。

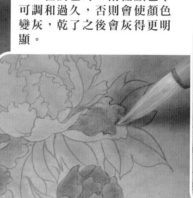

在調色時，兩種顏色不可調和過久，否則會使顏色變灰，乾了之後會灰得更明顯。

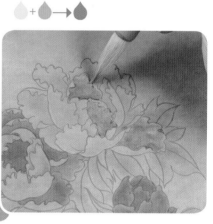

14 選用小號羊毫筆，調和藤黃（多）和少許淡墨，蘸滿筆肚，對黃色花頭進行第三遍分染。

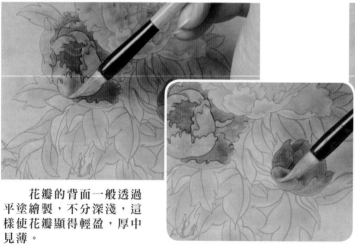

花瓣的背面一般透過平塗繪製，不分深淺，這樣使花瓣顯得輕盈，厚中見薄。

15 用小號羊毫筆，調和藤黃與少許淡墨，蘸滿筆肚，側鋒運筆，對紫色花頭反面進行統染。

繪畫步驟：分染3

知識拓展

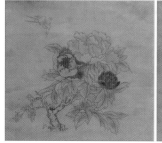
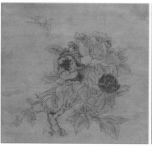
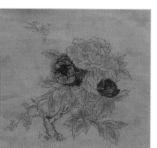

批毛法：工筆禽鳥羽毛處理常用手法。將硬毫毛筆筆鋒捏扁，呈扁平刷子形狀，筆尖蘸水分適合的墨色，依照鳥的羽毛生長結構走向一組組畫出，此法適合繪製中等體型禽鳥。

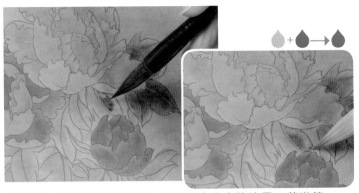

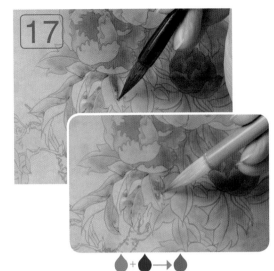

16 選用中號羊毫筆，調和花青和少許淡墨，蘸滿筆尖，以著水筆輔助，對葉片進行第四遍分染。

17

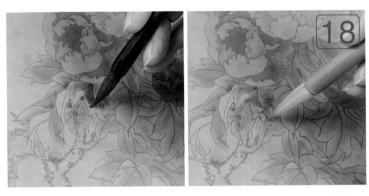

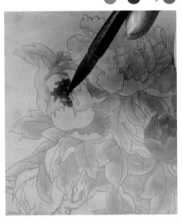

18

染色筆水分含量要適當，每塗一塊地方記得最後要用筆尖帶走多餘的色彩，從側面看，紙上不要有積色的地方。

19 選用中號羊毫筆，調和胭脂（稍多）與少許酞青藍，蘸滿筆尖，以著水筆輔助，對紫色花頭進行第三遍分染。

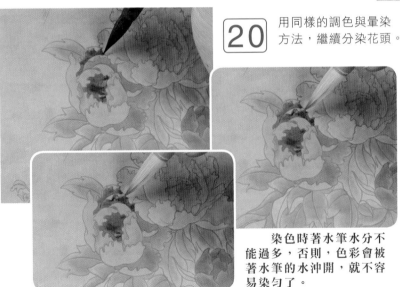

20 用同樣的調色與暈染方法，繼續分染花頭。

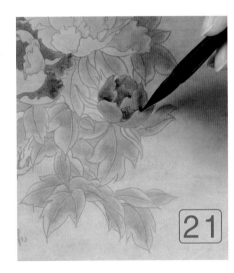

21

染色時著水筆水分不能過多，否則，色彩會被著水筆的水沖開，就不容易染勻了。

繪畫步驟：統染

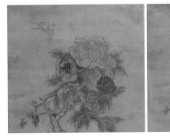 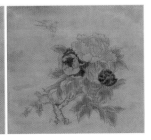

知識拓展

用水：作畫時每一筆都得用水，至於用水多少，則大有文章。下筆之前，完全要做到心中有數。有時候筆上需要飽滿的水分，如畫大寫意荷花，筆上的水分非但能滴下來，而且是滴下去拖泥帶水，落到紙上。這時候行筆要快，一氣呵成。有時候筆上色彩需要濃厚，落筆之前，蘸清水於筆端，迅速點去，使色彩的濃淡變化，自然而有趣。一般用筆時，得根據實際情況，看這一筆下去，要畫多麼大的面積，要出現濕潤的效果還是蒼勁的效果，筆上的水分多少，必得心中有數。用水多少，行筆快慢，成為寫意畫中最需掌握的關鍵。

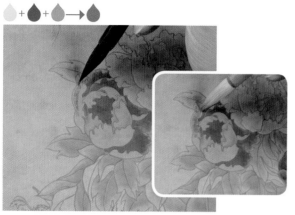

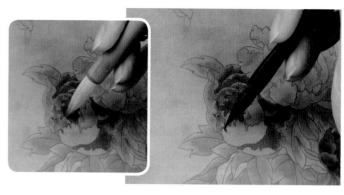

22 選一支小號羊毫筆，調和藤黃、硃磦與少許淡墨，蘸滿筆尖，對紫色花頭背面進行分染。

23 在染色的過程中需要注意花瓣之間的掩映關係。一般下層的比上層的顏色要深一些，尤其是在被蓋住部位的顏色一定要深一些才能襯托出上層花瓣。

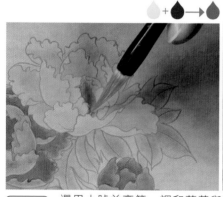

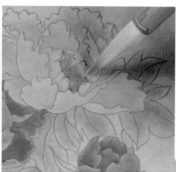

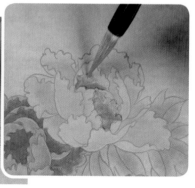

24 選用小號羊毫筆，調和藤黃與少許赭石，蘸滿筆尖，以著水筆輔助，對黃色花頭進行第四遍分染。

染色時顏色不能太濃，要薄色多層塗染，色彩不要一次太厚。

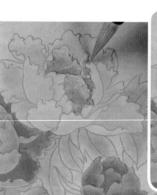

25 用小號羊毫筆，以同樣的調色與暈染方法，繼續分染黃色花頭，完成花頭的染色。

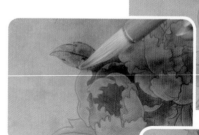

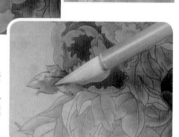

26 選用小號羊毫筆，調和藤黃與少許赭石，蘸滿筆尖，以著水筆輔助，對葉尖進行碰染。

繪畫步驟：分染 4

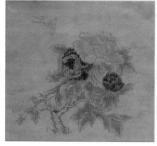

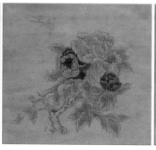

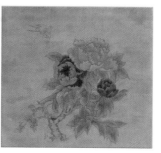

知識拓展

絲毛法：工筆禽鳥羽毛處理常用手法。用長鋒勾線蘸墨或色或白粉等，依照鳥類的羽毛走向逐根畫出。此法嚴謹細膩，真實自然，是工筆鳥類畫法的基礎技法之一。

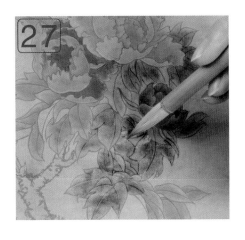

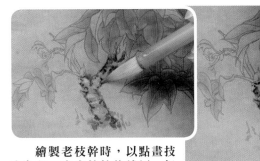

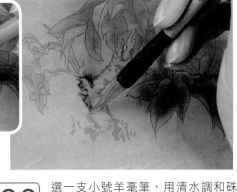

繪製老枝幹時，以點畫技法為主，畫出枝幹的崎嶇、粗糙之感。

28 選一支小號羊毫筆，用清水調和硃磲、熟褐（稍多），蘸滿筆尖，以著水筆輔助，對老枝幹進行分染。

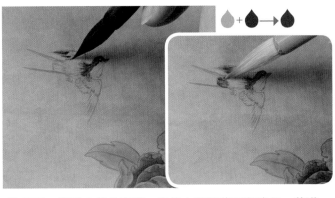

29 選用小號羊毫筆，用清水調和赭石與淡墨，蘸滿筆尖，以著水筆做輔助，對燕子進行分染著色。

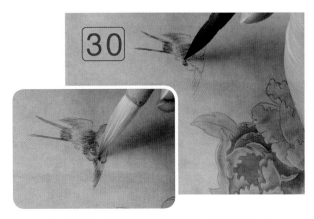

30

注意頸部要留出橢圓形白地，用重墨勾出背部和翅膀的飛羽。

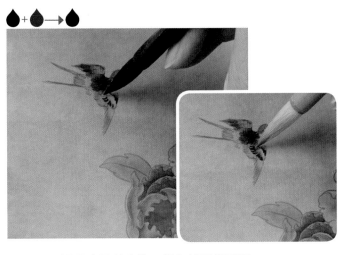

31 選用小號羊毫筆，調和赭石與重墨，蘸滿筆尖，以著水筆做輔助，對燕子的重色羽毛進行點染。

知識拓展

用膠：在國畫中使用膠水的作用有以下三個。

1.用膠水是為了控制水分，調色時摻進膠水，水就帶著色彩四處跑，如不摻膠水，便只跑水不跑色，而且色彩也不夠潤澤。2.用膠水達到固定色彩作用，特別是粉劑的色彩，如石青、石綠、鋅粉、硃砂、石黃等屬於礦物質的顏色。若不加膠水，乾後粉劑就會脫落下來。3.渲染時達到均勻而不顯筆痕的作用。在生宣紙上作完一幅畫後，倘若需要渲染底色，調色時必須加膠水，一筆接一筆染，並不見筆痕。如不加膠水，則會出現一道一道的水線，很不好看。

繪畫步驟：罩染　　　繪畫步驟：分染 5

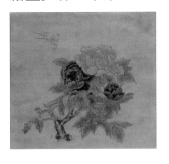

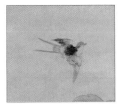
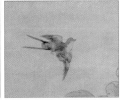
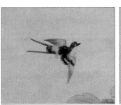
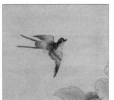

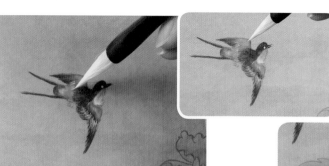

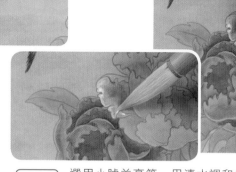

△+△→△

32 用小號羊毫筆，以清水調和白粉，蘸滿筆尖，以著水筆做輔助，對燕子的亮部羽毛進行提染。

33 選用小號羊毫筆，用清水調和白粉，蘸滿筆尖，以著水筆做輔助，對花頭的亮部邊緣進行提染。

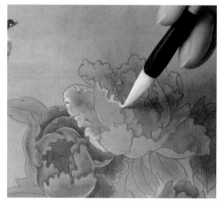

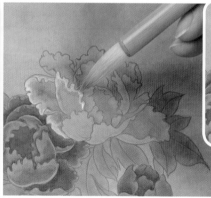

提染時，注意花瓣邊緣的起伏，根據起伏進行提染。

34 以同樣的調色與暈染方法，繼續提染花頭亮部。

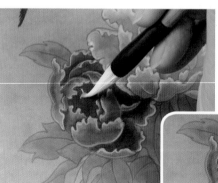

35 選用小號羊毫筆，調和白粉與硃磦，蘸滿筆尖，中鋒運筆，點畫牡丹花花蕊。

△+●→●

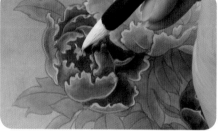

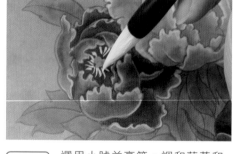

△+△→

36 選用小號羊毫筆，調和藤黃和白粉，蘸滿筆尖，中鋒運筆，勾畫蕊絲。

點花蕊有三種用色方法：一是藤黃加白粉直接點上去；二是先用白粉點好，乾後，再以藤黃罩染；三是用石黃點。

繪畫步驟：點染　　　繪畫步驟：提染

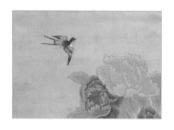

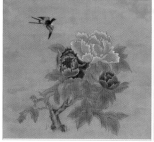

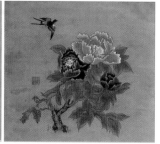

知識拓展

點蕊：點花蕊在畫花中是很重要的。點蕊時用尖筆蘸上飽滿的顏色，在尖上一滴滴點下去，點成一個圓珠，乾後，要圓、凸、大小均勻，中間陷下一個小坑為最好。

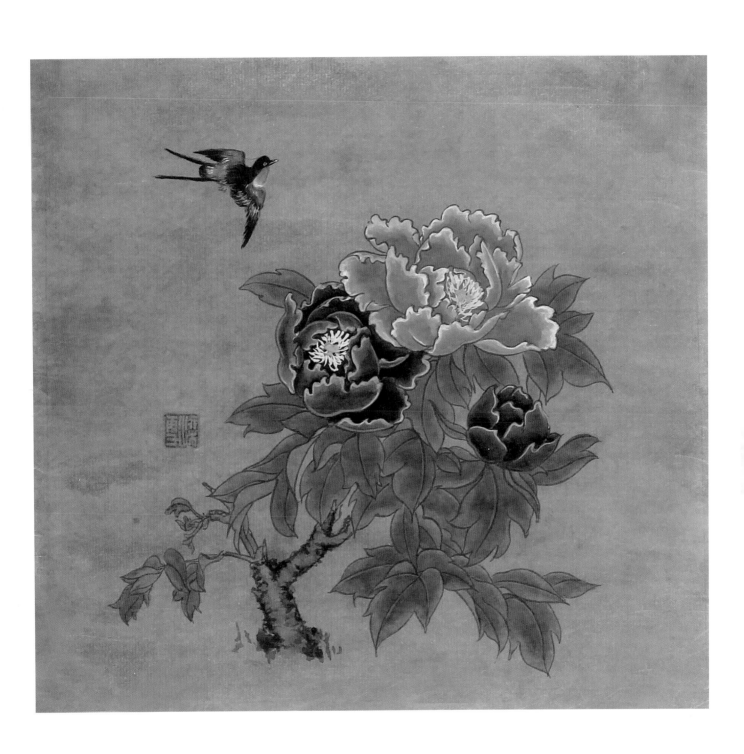

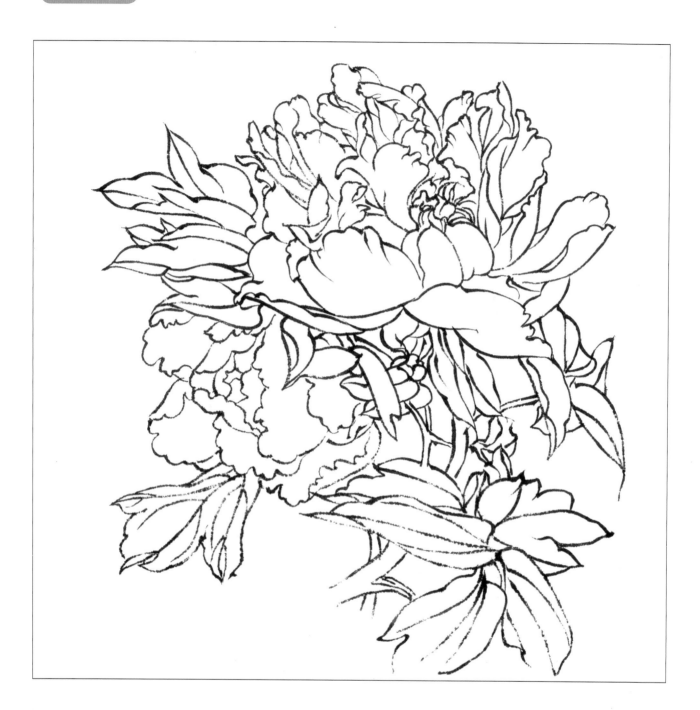